# HAGA GUERRA
# ESPIRITUAL
## POR SU
# MATRIMONIO

# HAGA GUERRA
# ESPIRITUAL
# POR SU
# MATRIMONIO

# RICHARD ING

WHITAKER
HOUSE

Traducción al español realizada por:
Belmonte Traductores
Manuel de Falla, 2
28300 Aranjuez
Madrid, ESPAÑA
www.belmontetraductores.com

**Haga Guerra Espiritual por su Matrimonio:**
**Identifique la batalla por su corazón, su hogar y su familia**
Publicado originalmente en inglés bajo el título: *Warfare for Your Marriage*

ISBN: 978-1-62911-365-4
eBook ISBN: 978-1-62911-366-1
Impreso en los Estados Unidos de América
© 2015 por Richard Ing

Whitaker House
1030 Hunt Valley Circle
New Kensington, PA 15068
www.whitakerhouse.com

Por favor, envíe sugerencias sobre este libro a: comentarios@whitakerhouse.com.

1 2 3 4 5 6 7 8 9 10 11 ⨇ 22 21 20 19 18 17 16 15

# DEDICATORIA

Este libro está dedicado a mi querida esposa Beatrice, y mis cuatro hermosos hijos: Susan, Richard Jr., Robert y Ryan Ing, quienes me dio el maravilloso Señor Jesucristo. Ellos me han bendecido ricamente y le han dado mucho sentido a mi vida. Hemos pasado juntos incontables momentos preciosos, como seguimos haciendo. Como reza el dicho: "Los buenos jugadores hacen a los buenos entrenadores". Mi esposa y mis hijos han hecho lo mismo conmigo como esposo y padre.

# ÍNDICE

Prefacio ............................................................... 9

Introducción ........................................................ 11

1: "Ustedes son dioses" ...................................... 17

2: Cómo ser un dios ........................................... 29

3: Los acuerdos dirigen el mundo ........................ 45

4: Acuerdo: La fuente de poder ........................... 63

5: ¿Quién lo hizo? ............................................. 75

6: Esposas, ¿sométanse a quién? ......................... 83

7: Maridos, amen a sus esposas ........................... 99

8: Cómo hacer el amor en el matrimonio ............ 117

9: Exceso de equipaje ...................................... 129

10: Relaciones dañadas del pasado ...................... 139

11: Cómo luchar en el matrimonio ...................... 159

12: Acab y Jezabel en los matrimonios ............................................ 175

13: El doble engaño de Adán y la traición de Eva ......................... 195

14: Liberación de Acab y Jezabel ...................................................... 207

15: A imagen de su Hijo ..................................................................... 215

APÉNDICE A: ¿Qué quiere? ............................................................. 223

APÉNDICE B: Acuerdos ................................................................... 225

APÉNDICE C: Muestra de un contrato no legal para
el matrimonio ............................................................ 243

Acerca del autor .............................................................................. 251

# PREFACIO

En la antigua Roma, un hombre no podía ser senador o poseer ningún otro cargo público hasta que no estuviera casado y tuviera al menos un hijo. De lo contrario, se le consideraba no apto para dirigir o dar sabio consejo. Pero el matrimonio ya no es una señal de potencial de liderazgo o de sabiduría. Hoy día, dependiendo del estudio que prefiera, el índice de divorcio en primeras nupcias en los Estados Unidos está entre el 40 y el 50 por ciento. Durante muchos años, se dijo que el índice de divorcio entre los cristianos evangélicos era incluso mayor, situándolo en el 54 por ciento o más. Esto sugeriría que los cristianos saben tan poco del matrimonio como los incrédulos, y que la sabiduría cristiana con respecto al matrimonio tristemente brilla por su ausencia. Esta estadística ha sido desafiada, no obstante, especialmente con respecto a las formas en que varios estudios han definido a los "cristianos evangélicos". Estudios subsecuentes han descubierto que el índice de divorcio es mucho más bajo entre las personas que regularmente ponen en práctica su fe religiosa, aquellos que asisten regularmente a los servicios de la iglesia, leen su Biblia u oran, ya sea en privado o con otros. Los estudios que definían a los cristianos por estas actividades revelaron que los índices de divorcio entre los cristianos "serios" estaba en un rango de entre el 35 y el 38 por ciento.[1] Incluso aceptando estas cifras más bajas, el hecho de que más de uno de cada tres matrimonios cristianos esté destinado al fracaso revela un serio problema.

El matrimonio es una experiencia abrumadora que muchos evitan por completo escogiendo en su lugar cohabitar, o "vivir juntos". En 2012, alrededor del 40 por ciento de todos los bebés nacidos en los Estados Unidos nacieron fuera del matrimonio.[2] En otras palabras, casi la mitad de nuestros ciudadanos escogen la fornicación o el adulterio antes que el matrimonio. La Biblia dice que la ilegitimidad produce una maldición sobre la familia que continúa por diez generaciones. (Véase Deuteronomio 23:2). Si esto es cierto, América está sumida en graves problemas con Dios.

Este no es un libro sobre psicología y consejería cristiana, sino más bien un contraataque directo contra el reino de la oscuridad y los deseos de la carne. Mi propósito es ir al grano e identificar la verdadera fuente de la mayoría de los conflictos en el matrimonio, y explorar cómo nuestras actitudes hacia el matrimonio pueden trasladarse casi a todas las demás relaciones. Sacaré a la luz los espíritus malignos que Satanás usa para destruir matrimonios y explicaré cómo podemos ser liberados de ellos.

---

1. Véase, por ejemplo, Bradley R. E. Wright, *Christians Are Hate-Filled Hypocrites...and Other Lies You've Been Told* (Minneapolis, MN; Bethany House, 2010), 133; y W. Bradford Wilcox y Elizabeth Williamson, "The Cultural Contradictions of Mainline Family Ideology and Practice", *American Religions and the Family*, editado por Don S. Browning y David A. Clairmont (New York: Columbia University Press, 2007), 50.
2. http://www.nationalreview.com/corner/360990/latest-statistics-out-wedlock-births-roger-clegg (consultado en línea el 12 de noviembre de 2014).

# INTRODUCCIÓN

No fui un cristiano nacido de nuevo hasta justo antes de cumplir cuarenta y seis años. Por ese tiempo, llevaba casado diecinueve años y tenía cuatro hijos. Como un "gran pecador" que era, había cometido muchos errores y sufrido muchas frustraciones, muchas de las cuales se debían a mis propias acciones, durante los diez primeros años de mi matrimonio. Como abogado ambicioso que era, buscaba la fama y la fortuna mientras descuidaba a mi esposa y mis hijos, aunque pensaba que les estaba haciendo un favor. Los bares y los campos de golf eran mi patio del recreo, y durante años, tenía alcohol en mi sangre las veinticuatro horas del día. No me anclaré en mis pecados ni los glorificaré, salvo para decir que no era ningún padre y esposo modelo y que mi matrimonio era un caos. Este libro no está basado en un matrimonio que era perfecto desde el comienzo. Tardé años en despertar y tomar la decisión de construir un matrimonio que durase "hasta que la muerte nos separe".

Ahora estoy en el invierno de mis años, habiendo celebrado recientemente mi setenta y siete cumpleaños. Mi entendimiento y sabiduría sobre la vida, el matrimonio y Dios son mucho más profundos que cuando empecé mi viaje de fe, gracias a Dios. Mi objetivo para este libro es compartir el entendimiento y la sabiduría que he obtenido durante el camino, tanto de la experiencia personal como de aconsejar tanto a cristianos como a no cristianos. No se trata de filosofía o claves para un matrimonio feliz; se trata de la verdad.

Hace muchos años, un grupo de seis parejas casadas en la primera iglesia a la que asistí, donde también serví como anciano, estaban dando sesiones privadas donde veían videos de testimonios de consejeros matrimoniales cristianos. Estas parejas estaban tan emocionadas por la sabiduría que desprendían las presentaciones de video que invitaron a los ancianos de nuestra iglesia a asistir a uno de sus "encuentros matrimoniales", con la esperanza de que esto pudiera crecer y convertirse en un programa más amplio de la iglesia. Después de ver la que ellos consideraban ser la mejor de las presentaciones, nos pidieron, uno por uno, que diéramos nuestra opinión. Cada uno de los ancianos elogió las presentaciones y sintió que eran una forma eficaz de ilustrar cómo hacer que el matrimonio sea un relación maravillosa y duradera.

Cuando me llegó el turno, elogié los valores e ideas de las presentaciones, pero también les dije que me preocupaba que la gente que salía en los videos nunca hablaba del papel del Espíritu Santo y de Dios en el matrimonio. Nunca hablaban de la importancia de que el marido y la esposa oren y adoren juntos a Dios. Las cintas eran más en la línea del popular libro *Los Hombres son de Marte, las Mujeres son de Venus*, del Dr. John Gray. Las caras de las parejas en la sala mostraron desagrado ante mis comentarios. De hecho, invitaron a todos los ancianos de la iglesia menos a mí a las sesiones siguientes.

Unos meses después, esas seis parejas casadas expresaron el deseo de "volver a casarse", o de participar en un servicio de renovación de votos, en un hotel muy caro con una cena al final. De nuevo, invitaron a todos los ancianos de la iglesia, menos a mí. Algunos de ellos aparentemente pensaban que yo era "demasiado espiritual". Siento decir que, dos años después, cuatro de esas seis parejas estaban divorciadas; cinco años después, las otras dos parejas hicieron lo mismo.

Durante los últimos veinte años aproximadamente, he presidido las ceremonias matrimoniales de muchas parejas. Siempre insisto en que la pareja de novios asista a tres sesiones de consejería matrimonial conmigo antes de la boda. Hasta la fecha, hasta donde yo sé, ninguna de las parejas a las que he dado consejería y se han casado, se han divorciado.

El alto índice de divorcio entre las parejas cristianas es una vergüenza para el reino de Dios. Me temo que algunos incrédulos ven el alto índice de divorcio y llegan a la conclusión de que el cristianismo es una farsa o, como mínimo, una hipocresía.

¿Por qué estoy calificado para enseñar sobre el tema del matrimonio? Al fin y al cabo, no soy un consejero matrimonial profesional, ni he tenido entrenamiento formal en este tema. Puedo hablar solo sobre la base de la experiencia y por la revelación de Dios. Entonces, ¿cuáles son mis credenciales para hablar del matrimonio?

Mi principal credencial es mi propio matrimonio y familia. Nunca me he divorciado. Llevo casado desde 1964 con la primera novia real que tuve jamás. Tenemos cuatro hijos, tres de los cuales también están casados. Tenemos siete nietos. Nunca nos hemos separado durante nuestro matrimonio, y hemos trabajado juntos en la misma oficina casi por cuarenta años. Juntos, hemos dirigido un despacho privado de abogados, una inmobiliaria, una agencia de viajes, una compañía de cobros y un periódico bimensual; y durante los últimos veinticinco años, hemos trabajado juntos en mi trabajo ministerial. Hemos viajado a muchos países, equivalente a ochenta viajes a varios países del mundo, y en muchos casos, solo nosotros dos. Hemos jugado al golf juntos durante más de treinta años y estamos juntos las veinticuatro horas al día la mayor parte del tiempo. Disfrutamos el uno del otro y somos los mejores amigos.

No fue siempre así.

Los primeros diez años de nuestro matrimonio fueron tumultuosos, llenos de peleas, disputas, abuso de alcohol, trato del silencio, dormir en el sofá y penurias. Practicar la abogacía era estresante para mí, y luchar por conseguir el éxito financiero me estaba alejando de mi familia. Les descuidaba al tener que pasar largas horas en la oficina, al participar en frecuentes actividades para apoyar a varios candidatos en la escena política, y hacer numerosos viajes de negocios a países en el extranjero. Nos dirigíamos al divorcio como un automóvil acelerado sin frenos que se aproxima a un precipicio.

Como joven abogado, estaba empeñado en convertirme en multimillonario antes de los cuarenta. Ser abogado era como vivir en una olla a presión. Hacía mucho trabajo de juicios y era tan agresivo, que me convertí en el único socio de mi firma a los cuatro años de haberme graduado de la escuela de derecho. Conseguí tantos clientes e hice tanto dinero para la firma, que los otros socios no podían negar mi éxito.

Un par de años después, me convertí en el único profesional en mi bufete de abogacía, porque hacía más dinero así. No tenía que pagar por los gastos de estructura espantosamente altos de una oficina con puertas de madera de roble y una vista de ático. Reduciendo la renta de la oficina y los gastos, podía llevar a casa la mayor parte del dinero que ganaba. Para atraer incluso a más clientes, me uní a muchos clubes y asociaciones de vecinos, hice obras de caridad y dirigí las campañas de varios políticos, incluido un candidato al Congreso. Aprendí a vivir con cuatro horas de sueño cada noche.

Así conseguí el éxito financiero. Conducía por la ciudad en un Lincoln Continental Mark IV con lentes de sol oscuras. Tenía la intención de construir una casa enorme en la zona más cara de la isla hawaiana donde vivíamos. A menudo trabajaba hasta las nueve de la noche y luego recibía llamadas de teléfono de clientes que querían hablar conmigo de trabajo después de la cena y tomando unas copas. Sabían dónde encontrarme. Después de la cena llegaba la habitual ronda de copas antes de llegar dando tumbos a casa a eso de las dos de la mañana, o más tarde. Me decía a mí mismo que estaba haciendo todo eso por mi familia. En realidad, estaba encaminado al divorcio, y al infierno.

La gran explosión con mi esposa se produjo, como era de esperar, y comenzamos a hablar sobre el divorcio. De repente me di cuenta de que estábamos al borde del precipicio. Fue al darme cuenta de que realmente podía perder a mis hijos cuando recuperé la sobriedad. Amaba profundamente a mis hijos, aunque no pasaba mucho tiempo con ellos. Como resultado, hice un acuerdo con mi esposa de que no trabajaría después de las seis de la tarde, y nunca los fines de semana, a menos que fuera absolutamente necesario. He cumplido ese acuerdo durante más de cuarenta años.

Con el tiempo, nuestro matrimonio mejoró a paso firme. Déjeme recordarle que aún no iba a la iglesia. Durante los siguientes diez años, aprendimos mucho sobre el matrimonio y el uno del otro. Pero el mayor cambio se produjo cuando tenía casi cuarenta y seis años: Dios regresó a mi vida. Para ser más preciso, yo regresé a Dios, ya que Él nunca me había dejado. Meditando ahora, puedo identificar muchas evidencias y circunstancias que apuntan claramente a la constante presencia de Dios en mi vida. Sencillamente en ese tiempo no las podía ver.

Actualmente en nuestro cincuenta y un años de matrimonio, mi esposa y yo no podemos ser más felices. Nuestro matrimonio no ha sido un camino de rosas siempre, porque Dios nos da amonestaciones, pruebas, problemas y dificultades para perfeccionarnos en Cristo. Pero es un matrimonio poderoso, fuerte y duradero, lleno de emoción y asombro.

Este libro cubre la mayoría de lo que les presento a las parejas en mis sesiones de consejería prematrimonial. También tiene de una serie de charlas sobre el matrimonio que enseño en mi iglesia. La respuesta a estos mensajes fue positiva, con muchas peticiones de que escribiera un libro. Por eso, ofrezco esta obra con sinceridad y con el deseo ayudar a otras parejas casadas a no solo permanecer casadas sino también a tener una gran relación con sus cónyuges. Esta obra es también para sus hijos, que se beneficiarán mucho del bienestar del matrimonio de sus padres.

# 1

# "USTEDES SON DIOSES"

Hay más de quinientos versículos de la Biblia sobre el tema del matrimonio. El matrimonio lo creó Dios en el huerto del Edén, para el primer marido, Adán, y la primera esposa, Eva. Cuando Adán y Eva pecaron, no solo destruyeron su relación con Dios, sino también rechazaron los principios de Dios sobre el matrimonio y la justa relación entre esposo y esposa.

En las Escrituras, a Dios se le pinta como un Padre que busca una esposa para su Hijo, Jesús. Él desea una iglesia, o novia, sin mancha ni arruga, irreprensible, o algo parecido a esto. Tiene que ser santa a sus ojos, limpia como una virgen. Para Dios, la búsqueda es como buscar una aguja en un pajar. Sin embargo, Él encontrará una esposa hermosa un día, perfeccionada a la imagen de su Hijo, Jesús. (Véase Romanos 8:29; Apocalipsis 19:7–9: 21:2, 9; 22:17).

El matrimonio es un campo de batalla, un choque de principios entre el reino de luz de Dios y el reino de oscuridad de Satanás. Para dar forma a su novia, Dios busca revertir los venenosos efectos de lo que hicieron Adán y Eva en el huerto y restablecer sus principios de vida eternos. A la vez, Satanás lucha por mantener sus malvados principios para poder conseguir su meta de destruir la iglesia y a todos los cristianos y gobernar el mundo. (Véase Apocalipsis 13:7; Daniel 7:21, 25).

> Para dar forma a su novia, Dios busca revertir los venenosos efectos de lo que hicieron Adán y Eva en el huerto y restablecer sus principios de vida eternos.

No solo hay una ley de pecado en los miembros de nuestro cuerpo (véase Romanos 7:23); hay un veneno dentro de nuestra mente inconsciente y nuestro ADN que nos impulsa a responder a la gente y a las circunstancias de las formas que lo hacemos. Nos convierte en bestias predecibles, santurronas, robóticas.

La ley del pecado recibe su ímpetu de algo profundo en nuestra psique. Casi toda la historia de la humanidad ha girado en torno a seres humanos "jugando a ser Dios". Sin duda, el fundamento de muchas religiones es la creencia de que el hombre es dios, como discutiremos después en detalle. Comenzó todo con Adán y Eva.

Adán y Eva querían ser como Dios. (Véase Génesis 2:15–3:24). Desobedecieron el mandato de Dios de no comer del fruto del árbol del conocimiento del bien y del mal. En cuanto comieron del fruto prohibido, la luz de sus espíritus se apagó, y vieron su desnudez, o carne, por primera vez. Desde ese momento, su carne tomó el control de su mente y corazón, demandando su atención e incluso su adoración. Adán y Eva comenzaron a identificarse con su carne y enseguida se obsesionaron con ella. Lo primero que hicieron fue coser vestidos de hojas de higuera para proteger la carne y esconderse de Dios, porque la Carne y el Yo se habían convertido en sus dioses.

Quizá pensaron: ¡Así es como debe *de ser Dios! ¡Lo hemos conseguido! ¡Somos dioses!* Cuando Dios los expulsó del huerto del Edén, probablemente pensaron que fue meramente porque estaba celoso o temeroso. Este engaño ha pasado hasta usted y yo, y todo el resto del mundo. Seguimos pensando y actuando como dioses, nos demos cuenta o no.

Jesús lo sabía. Él dijo a los fariseos: *"¿No está escrito en vuestra ley: Yo dije, dioses sois? Si llamó dioses a aquellos a quienes vino la palabra de Dios (y la Escritura no puede ser quebrantada)..."* (Juan 10:34–35). En este pasaje, Jesús se estaba refiriendo al Salmo 82:5–6: *"No saben, no entienden, andan en tinieblas; tiemblan todos los cimientos de la tierra. Yo dije: Vosotros sois dioses, y todos vosotros hijos del Altísimo".*

Algunos maestros bíblicos afirman que esta frase significa que los cristianos somos como pequeños dioses. Esto no es cierto. Dios estaba diciendo, básicamente: "Yo les creé a todos ustedes para que fueran mis hijos, los hijos del Altísimo, pero ustedes actúan como si fueran dioses iguales o superiores a mí". Si fueran dioses en verdad, ¿por qué caminarían en oscuridad? Y ¿por qué estarían los cimientos de la tierra temblando? Ellos no eran dioses; tan solo *creían* que lo eran.

Puede que no lo admitamos o incluso que ni seamos conscientes de ello, pero instintiva y compulsivamente actuamos como dioses. Como la ley de pecado, un complejo de dios controla nuestra mente y nuestras acciones.

Jesús estaba amonestando a los fariseos por enojarse por su afirmación de que era el Hijo de Dios. *"Le respondieron los judíos, diciendo: Por buena obra no te apedreamos, sino por la blasfemia; porque tú, siendo hombre, te haces Dios"* (Juan 10:33). "Al fin y al cabo", está señalando Jesús, "ustedes aceptan la afirmación de que ustedes mismos son dioses, pero rechazan mi afirmación".

El Señor sabía que, subconsciente o inconscientemente, los seres humanos creen que son dioses. Puede que no lo admitamos o incluso que ni seamos conscientes de ello, pero instintiva y compulsivamente actuamos como dioses. Como la ley de pecado, un complejo de dios controla nuestra mente y nuestras acciones.

## Deseo de adoración

En lo más hondo, deseamos adoración. Creemos que merecemos ser adorados, admirados y amados. Incluso creamos religiones que aceptan esta idea. Los hindúes creen que todas las personas son dioses; sencillamente no lo saben. Su historia va como sigue:

Érase una vez, cuando todos éramos dioses en una realidad espiritual, celestial. Pero los dioses son absolutos. No hay arriba o abajo, rápido o lento, caliente o frío, bueno o malo en el ámbito de los absolutos. Los juegos de ganar o perder no son posibles. Así, nosotros los dioses decidimos crear un mundo basado en la relatividad y en la carne, para poder jugar a los juegos. Olvidaríamos que éramos dioses y seríamos meros humanos. El objetivo del juego sería darse cuenta una vez más de que de verdad somos dioses. Si no nos damos cuenta de que somos dioses en esta vida, morimos y volvemos a nacer, una y otra vez, hasta que obtengamos la iluminación como nuestra verdadera identidad como dioses. A veces, un "dios" podría renacer como otra forma de vida, como un animal. El juego finalmente terminaría para los que hayan alcanzado la comprensión de que eran verdaderamente dioses. En ese punto, regresarían a un estado de divinidad perpetua en el mundo de lo absoluto donde existen los dioses.

El hinduismo es conocido como una religión de un trillón de dioses, porque hay trillones de formas de vida en la tierra. Uno puede nacer siendo una cucaracha en la siguiente vida. Esa es una de las razones por las que los hindúes rehúsan pisar los bichos o comer animales, ya que podrían ser algunos de sus ancestros.

Un mantra hindú dice: "Adora el dios que hay en ti, que eres tú". Si repite este mantra cada día, todo lo que pueda, llegará a lo más hondo de su ser y hará que se dé cuenta de su deidad. Al menos, esa es su creencia.

Este mantra ya lo tenemos en nuestros genes, los suyos y los míos. Cuide del número uno: ¡usted! Usted es el gran Uno, el gran kahuna. Eso es lo que nos enseñan.

Los budistas creen que ya somos budas, iluminados y dioses, y que, como en el hinduismo, tenemos que volver a nacer, una y otra vez, en la rueda de la vida y la muerte, hasta que descubramos que somos budas, o dioses. La meditación y los cánticos se supone que deben ayudar en esta transición, junto con llegar a entender que el sufrimiento viene de los deseos humanos. Cantar "ohm, ohm, ohm" se supone que crea una vibración dentro de usted que le une con la vibración universal y le sitúa en línea con su deidad, o "buda natural": su verdadero estado como dios.

Creen que hay muchos avatares, o maestros ascendidos, y muchos budas que ahora son dioses. Cuando regresan a su estado original como dioses, las personas pueden orar y adorarles. Presuntamente están para ayudar a otros en el viaje de su vida y ayudarles a alcanzar el nirvana. Hay un buda para los viajeros, un buda para los empresarios, un buda para los enfermos, un buda para las madres, etc. En Japón, hay un templo con estatuas de quinientos budas. Ya no tienen espacio para más.

La iglesia católico romana adoptó una creencia similar canonizando a muchos individuos a quienes consideraron dignos de convertirse en "santos", a los que se podía orar, venerar e incluso adorar. Hay un santo para los carpinteros, un santo para los viajeros, un santo para las madres, etc. Hay más de diez mil santos católicos, así como muchos otros que venera la iglesia ortodoxa de oriente. La iglesia luterana y la comunión anglicana reconocen a los santos de antes de la Reforma, incluso en la actualidad. Aunque no los llaman "dioses", la gente los honra y venera. Crean estatuas de ellos, los invocan, les cantan cantos y ponen flores y otros elementos de adoración en altares dedicados a estos "santos-dioses". Estos santos a menudo se representan en grabados de madera y piedra, pero sus adoradores niegan que sean ídolos.

Los católicos romanos afirman no adorar a la virgen María, pero si usted visita una catedral católica y localiza su estatua de la virgen María, probablemente encontrará que sus pies están pintados de rojo por el lápiz de labios de quienes los besan.

Algunas religiones, como el sintoísmo, nombran o designan a ciertos humanos vivos como dioses sobre la tierra (llamados *Jizo*). Al emperador de Japón, por ejemplo, se le ve como una deidad viva. Hay Jizos señalados en cada área del mundo donde hay sintoístas. Se consideran semidioses.

Los emperadores de las antiguas civilizaciones de Roma, China, Japón y otras naciones se han declarado a sí mismos dioses vivientes dignos de recibir adoración y obediencia. Los faraones del antiguo Egipto se proclamaban a sí mismos dioses vivos y exigían que se levantaran enormes estatuas a su semejanza, las cuales sus súbditos debían adorar y darles ofrendas, bajo pena de muerte.

Incluso hoy día, hay caprichosas doctrinas dentro del cuerpo de Cristo que sugieren que todos los cristianos son "pequeños dioses".

## Aspirar a la semejanza de Dios en todos los sentidos erróneos

En el cristianismo tradicional, los seres humanos nunca fueron dioses, aunque Adán fue creado perfecto en sabiduría y en todos sus caminos, y tenía comunión con Dios antes de ser expulsado del huerto del Edén.

*Hijo de hombre, levanta endechas sobre el rey de Tiro, y dile: Así ha dicho Jehová el Señor: Tú eras el sello de la perfección, lleno de sabiduría, y acabado de hermosura. En Edén, en el huerto de Dios estuviste; de toda piedra preciosa era tu vestidura; de cornerina, topacio, jaspe, crisólito, berilo y ónice; de zafiro, carbunclo, esmeralda y oro; los primores de tus tamboriles y flautas estuvieron preparados para ti en el día de tu creación. Tú, **querubín** grande, protector, yo te puse en el santo monte de Dios, allí estuviste; en medio de las piedras de fuego te paseabas. Perfecto eras en todos tus caminos desde el día que fuiste creado, hasta que se halló en ti maldad.*

(Ezequiel 28:12–15)

Creo que el pasaje de arriba se refiere a Adán antes de la caída. Él quería ser como Dios, y sin embargo sus esfuerzos por llegar a ser semejante a Dios resultaron en "se halló en ti maldad".

Desear ser un dios tiene que ver directamente con quiénes somos, lo que hacemos y lo que tenemos. Esta creencia central afecta automáticamente a la manera en que pensamos y nos comportamos, porque *los dioses siempre tienen razón, y nunca pierden*. Según su propia percepción, la mayoría de personas creen que apenas se han equivocado en el transcurso de sus vidas. Un famoso DJ de Hawái solía decir: "No es cierto que yo nunca me he equivocado. Una vez pensé que me había equivocado, pero estaba equivocado".

Casi todo lo que hacemos es un intento de demostrar que tenemos razón y de ganar. No decimos cosas para estar equivocados; las decimos para tener razón. Nos defendemos y decimos cosas que nos hacen vernos bien, inteligentes y correctos. Nos vestimos para que la gente nos acepte, nos admire e incluso nos adore, a menos que no podamos permitírnoslo. Algunas personas gastan miles de dólares en un vestido o traje que llevarán solo una vez para una gala o evento, para estar bien a ojos de los demás. Incluso si decimos: "No me mires; soy feo", la mayoría de nosotros realmente estamos pensando: *Mírame; me veo bien, soy inteligente y merezco tu admiración*, o por lo menos: *Quizá no soy atractivo, pero tengo dinero, poder y personalidad*. A fin de cuentas, los dioses merecen ser admirados, adorados y aclamados.

> Los emperadores y reyes no son los únicos que afirman la divinidad. ¡Nosotros también lo hacemos! Quizá lo encubrimos, pero casi todo lo que hacemos en la vida está dedicado a ser visto como justo y victorioso.

Los dioses ganan siempre. Nuestras escuelas lo enseñan. Se llama alta autoestima. Les damos a los niños una medalla de oro o un trofeo solo por participar en la carrera. No importa quién llegue el primero; tú ya eres un ganador. Es maravilloso para la autoestima, aunque la Biblia dice que estimemos a otros como mejores que nosotros. (Véase Filipenses 2:3). Producimos personas egocéntricas, rebeldes, orgullosas, insolentes e irrespetuosas con la autoridad, igual que papá Adán y mamá Eva. (Véase 2 Pedro 2:9–22).

Los emperadores y reyes no son los únicos que afirman la divinidad. ¡Nosotros también lo hacemos! Quizá lo encubrimos, pero casi todo lo que hacemos en la vida está dedicado a ser visto como justo y victorioso. "Casi todo" significa un 99,99 por ciento de lo que hacemos.

Incluso cuando bajamos nuestra cabeza y farfullamos: "Imagino que estaba equivocado", es a menudo para quedar bien. *Mira lo humilde que soy.* ¡Soy tan humilde que soy casi como Dios!

## Siempre ganador

En cada disputa, discusión, pelea, batalla y guerra, la gente raras veces está equivocada en su propia opinión. Por eso tenemos tantas divisiones en la iglesia, con tantas sectas y denominaciones. Contando por lo bajo, habría más de treinta y cuatro mil denominaciones y organizaciones cristianas independientes en el mundo. Cada una se aferra a sus propias doctrinas "correctas" y cree que su grupo es el único que está en posesión de la verdad. Los miembros de las sectas declaran que ellos son el único pueblo que irá al cielo, y niegan el acceso a su membresía a cualquier opinión o doctrina exterior que sea contraria, afirmando que cualquier creencia contraria es del diablo. En otras palabras: "No deje que nadie le diga que estamos equivocados. Nosotros nunca nos equivocamos; siempre tenemos razón. No vale de nada hablar con nosotros, porque se ha decidido para toda la eternidad que tenemos razón. Si insiste en decirme que estoy equivocado, me iré, porque usted es del diablo. Dios nos dijo esto".

Las personas harán cualquier cosa para tener razón. Mentirán, robarán, cometerán adulterio, jurarán y codiciarán la esposa y las posesiones de su vecino. Darán falso testimonio e incluso recurrirán al asesinato para llevar razón. Nos hemos estado matando entre nosotros desde que Caín mató a Abel, y la Biblia dice que será incluso peor al final de los tiempos.

*Pero éstos blasfeman de cuantas cosas no conocen; y en las que por naturaleza conocen, se corrompen como animales irracionales. ¡Ay de ellos! porque han seguido el camino de Caín, y se lanzaron por lucro en el error de Balaam, y perecieron en la contradicción de Coré. Estos son manchas en vuestros ágapes, que comiendo impúdicamente con vosotros se apacientan a sí mismos; nubes sin agua, llevadas de acá para allá por los vientos; árboles otoñales, sin fruto, dos veces muertos y desarraigados; fieras ondas del mar, que espuman su propia vergüenza; estrellas errantes, para las cuales está reservada eternamente la oscuridad de las tinieblas. De éstos también profetizó Enoc, séptimo desde Adán, diciendo: He aquí, vino el Señor con sus santas decenas de millares, para hacer juicio contra todos, y dejar convictos a todos los impíos de todas sus obras impías que han hecho impíamente, y de todas las cosas duras que los pecadores impíos han hablado contra él. Estos son murmuradores, querellosos, que andan según sus propios deseos, cuya boca habla cosas infladas, adulando a las personas para sacar provecho.* (Judas 10–16)

Nuestras cárceles están llenas de asesinos y criminales santurrones, pequeños dioses corriendo por ahí. Incluso nos matamos por tener la razón. "¿Ves? Te dije que me mataría, nadie me creía".

Qué bien se siente llevar razón y ganar. Vencer al otro; echárselo en cara. Demostrar que usted es un dios que merece admiración y adoración. ¡Eres un ganador! ¡Mereces la adoración! Vi a un padre adulto dar una bofetada a su hijo de seis años por reírse y saltar de alegría cuando este derrotó a su padre en una partida de damas. Los dioses nunca pierden.

Tenemos un problema sistémico, porque todos piensan que son dioses también. Todos los demás creen que tienen que tener razón y ganar todas las veces, igual que usted y yo. Así es como comienzan la mayoría de las peleas, guerras, disputas, desacuerdos y divorcios. Nadie quiere admitir haberse equivocado. Nadie quiere perder. De ninguna manera. Incluso en el matrimonio, su cónyuge tan solo está esperando que lleguen las oportunidades para demostrar que él o ella es un dios.

Nadie quiere admitir haberse equivocado. Nadie quiere perder. De ninguna manera. Incluso en el matrimonio, su cónyuge tan solo está esperando que lleguen las oportunidades para demostrar que él o ella es un dios.

Dicen que Roma no se construyó en una hora. Bueno, un matrimonio desdichado tampoco se consigue en una hora. Por lo general, es una larga y desgastante guerra, no una sola batalla o una refriega ocasional. Los rojos ganan hoy, pero los negros están esperando que llegue mañana, el siguiente giro de la rueda. Eso es lo que ocurre cuando dos dioses se casan.

El matrimonio es a menudo una guerra de erosión entre dos dioses. ¿Qué dios va a durar más que el otro? ¿Quién va a ganar la batalla final y prevalecer sobre el otro? Manténgase en sintonía para ver los resultados del drama interminable, no en la televisión, sino delante de él o ella. Van de aquí para allá en una guerra interminable que nadie gana hasta que alguien muere.

## Todos somos expertos luchadores

Somos todos guerreros curtidos en batalla cuando se trata de ganar en las guerras de la vida. Desde que pudimos caminar y hablar, lo hemos sido. Las parejas que han estado casadas algunos años son expertos en llevar razón. Tienen mucha práctica. Estas son algunas armas de la guerra matrimonial: dejar de hablarse, jurar, enojarse, gritarse, dar una bofetada, golpear, disparar, hablar entre dientes, maldecir, gastar neumático, estar fuera toda la noche, emborracharse, dormir en el sofá, quemar la cena, escupir en su comida, dejar el trabajo, dar un portazo, dejar de cocinar, retirar el sexo, romper su camiseta favorita, arañar su amado automóvil, conseguir un amante, culpar al otro de las faltas de uno mismo, hablar a su espalda, murmurar, quejarse con los amigos, discutir, llamarle bastardo, llamarle bruja, empujarle, arañarle en la cara, darle una patada en la ingle, escupirle en la cara, no aparecer, llegar tarde, retirar el amor, fastidiar, fastidiar, fastidiar, sin descanso. Puede seguir añadiendo, que seguro que alguien ya lo ha hecho.

Decimos que queremos ser felices y hacer feliz a nuestro cónyuge. Pero mentimos. La verdad es: ¡la felicidad es llevar razón! Haremos cualquier cosa por llevar razón y ganar cada disputa. Al fin y al cabo, somos dioses, ¡y los dioses nunca se equivocan! Incluso nos divorciaremos de la otra persona para tener la razón. Yo soy dios, así que nunca pierdo.

Error.

## Una guerra interminable

Una pareja se divorcia. La esposa gana la custodia de los niños, y el marido consigue los derechos de visita y tiene que pagar la manutención de los niños. La esposa está contenta. Cree que ganó. Pero la guerra aún no ha terminado. Es solo el primer asalto. Entra el grito del futbol: "¡Lucha! ¡Lucha! ¡Lucha!". El exmarido no ha terminado aún. Ahora rehúsa pagar la manutención a los niños, o paga solo una parte, o siempre llega tarde al trabajo y le despiden, o deja su trabajo para no tener que pagar pensión conyugal o manutención a los niños. La exesposa pone una demanda por incumplimiento o desacato al tribunal. Como último recurso, rehúsa dejar que papá vea a los niños o incluso huye con ellos.

Otra versión: papá llega tarde para recoger a los niños, haciendo que mamá llegue tarde a su cita; o, él trae a los niños tarde a casa y nunca llama. Mamá sigue diciéndoles a los niños lo patán que es su padre. Mamá se muda a otro estado para que papá ya no pueda ver más a los niños. Mamá se vuelve a casar y convence a su nuevo esposo para que adopte a los niños. Papá rapta a los niños y desaparece. Y la historia continúa.

Como abogado, he manejado muchos divorcios legales, y nunca he oído a una esposa o un marido admitir que estaban equivocados. Cada uno de ellos jugó al juego del bien-mal, "hablaban pestes" el uno del otro, e hicieron todo lo posible para enseñar a sus hijos a odiar a su padre o madre. Después del divorcio, siguen las escaramuzas. Algunos quieren un abogado que pueda decir groserías y gritar en el tribunal para dejar mal a su cónyuge. Me han despedido esposas que se quejaban de que yo no era lo suficientemente duro.

Cuando uno de los cónyuges muere, el excónyuge superviviente a menudo continúa culpando al fallecido de todo lo que había mal en su matrimonio y su vida. Muchos matrimonios son solo campos de batalla, sin felicidad alguna.

## Resumen

Desde que Adán y Eva pecaron por primera vez en el huerto en su intento de ser como Dios, la humanidad ha tenido un complejo de dios. Está en nuestro ADN. *Los dioses siempre llevan razón, y nunca pierden.* Casi todo lo que hacemos está calculado para hacernos parecer que llevamos razón. Dios incluso nos reveló esto: *"Yo dije, dioses sois"* (Juan 10:34), quizá hablando irónicamente. Buscamos poder y riquezas para que la gente nos admire y adore como dignos.

> Cada discusión, lucha, disputa, batalla y guerra es entre dos o más partes que intentan llevar razón y ganar.

El problema es que todas las demás personas del mundo también están intentando ser un dios. Cada discusión, lucha, disputa, batalla y guerra es entre dos o más partes que intentan llevar razón y ganar. Dios nos dice que bendigamos a quienes nos maldicen y que amemos a quienes nos aborrecen (véase Mateo 5:44; Lucas 6:28), pero para la carne, este mandato es ridículo.

Empleamos mucho tiempo intentando llevar razón. La felicidad, para nosotros, es ganar y llevar razón. Esto conduce a mucho conflicto y resentimiento en nuestras relaciones, especialmente en el matrimonio. Pero ¿a quién le importa? Mientras yo lleve razón, ¡estoy contento! No tienes que besar mis pies; me conformo con que sea mi mano.

# 2

# CÓMO SER UN DIOS

No es fácil ser un dios. Hay que saber cómo dominar, retar y derrotar a otros dioses, tanto en palabras como en hechos. Hay que dominar la conversación de confrontación que les hará saber a los otros dioses que usted es capaz de defender su estatus de dios y su correspondiente gran ego. Necesita contestar cada idea y punto de vista contrarios que se cruce en su camino. En pocas palabras, tiene que hacer saber al resto del mundo, y especialmente a su cónyuge, quién es el jefe.

Muchos de manera inadvertida o ignorante usamos frases en nuestras conversaciones que retan, confrontan y ponen a la otra persona o personas en el lugar equivocado. Es sabio intentar evitar decir cosas como…

"De ninguna manera".

"Eso es estúpido".

"Pero…".

"Eso está mal".

Comentarios como estos pueden tener el efecto de cerrar la mente y el corazón del receptor, intensificando incluso discusiones y disputas menores. Estas son palabras de lucha que inmediatamente ponen a otras personas a la defensiva. En su lugar, intente usar frases como…

"Estoy de acuerdo".

"Buen punto".

"Y también…".

"Eso es cierto".

Comentarios como estos encontrarán lugares de acuerdo y mantendrán la mente y el corazón de la otra persona abiertos a una mejor comunicación, en la que usted puede representar su punto de vista.

## Cómo matar la comunicación

Como un dios, usted debe ejercitar su poder de forma eficaz para dominar a otros. Debe saber cómo cerrar la boca a su oponente y ponerle a la defensiva, lo antes posible.

¿Qué ocurre si un cónyuge es mayor, más ruidoso, más inteligente, más rico o más poderoso que el otro? Respuesta: El otro cónyuge o bien le hace oídos sordos o aprende a mentir para evitar perder. Digamos que al marido no le gustan las mejores amigas de su esposa y le prohíbe verlas o hablar con ellas. Digamos que él tiende a "ganar" en estas confrontaciones, principalmente porque es físicamente más grande, más ruidoso y más intimidante. Mientras su esposo está trabajando, la esposa se ve en secreto con su amiga para comer. Cuando su marido llega a casa del trabajo, le pregunta: "¿Qué has hecho hoy?".

"Nada", responde ella. O quizá diga: "Fui a casa de mi madre".

Ella miente.

Para evitar perder, mentimos todo el tiempo.

Muchos matrimonios no son felices debido a la falta de una comunicación sincera. Parte de ello es cuestión de personalidad, por supuesto, ya que hay personas que por naturaleza son calladas y les disgusta la comunicación verbal constante, ya que no todos tienen una personalidad dicharachera. Pero hay una gran diferencia entre ser tranquilo debido al contentamiento y mantenerse tranquilo para evitar la confrontación. Uno puede tener una pareja conyugal tranquila y a la vez mantener un diálogo saludable. Pero cuando la comunicación muere por el temor, enojo o los esfuerzos por defenderse a uno mismo, las dos partes son aptas para separarse y ser infelices. Los hijos a veces mantienen junto al matrimonio, pero cuando crecen y salen de casa, los dos padres ahora solos se convierten en cónyuges aburridos e infelices confinados a estar solo el uno con el otro.

Conozco a parejas de edad que viven en casas grandes: la esposa vive en el piso de arriba; el marido duerme en el sótano. Hay días en que no se ven, intencionadamente o no, así que apenas se hablan. Cada uno tiene su propio automóvil y hace su vida por separado. La esposa sale de casa por la mañana temprano para evitar al marido que constantemente gruñe, o viceversa. Cada cónyuge atiende solo a sus propias necesidades. La esposa se reúne con amigas en un centro comercial o restaurante. El marido va al McDonald's o a una taberna local. Viviendo separados en su propia casa, han perfeccionado el arte de llevar razón y no perder nunca, al no tener nunca que enfrentarse al "oponente" en alguna conversación o batalla.

## Sus amigos le dan la razón; sus enemigos se la quitan

Sus amigos son las personas que le hacen sentir bien consigo mismo, le respaldan y afirman. A sus ojos, usted siempre tiene razón. Así es probablemente como se enamoró de su pareja. Cuando encontramos a alguien que está de acuerdo en que usted es digno de admiración, mejor que no le dejemos escapar. Es difícil encontrar buenos amigos. Cuando encuentra a su mejor amigo del sexo opuesto, ¡se casa!

Cuando tiene un buen amigo, puede pasar horas hablando por teléfono, comprando, comiendo y cosas por el estilo. Yo tenía un grupo de amigos realmente bueno en la escuela y el instituto. Salíamos juntos todos los días y pasamos muchos ratos divertidos juntos. Finalmente, la universidad, el servicio militar y el matrimonio dividieron nuestra pandilla, pero fue maravilloso mientras duró. Pasamos mucho tiempo respaldándonos y afirmándonos nuestra "corrección". Tengo algunos amigos de la infancia que aún llaman de vez en cuando. Los lazos que creamos siendo niños han durado más de sesenta años.

Mi esposa y yo salimos juntos durante más de tres años antes de casarnos. Nos veíamos todos los días y aun así pasábamos horas hablando por teléfono. Muchas parejas hacen lo mismo durante el periodo de noviazgo. Desgraciadamente, años después, muchas de estas mismas parejas no pueden verse el uno al otro. En algún momento después de la ceremonia de bodas, dejaron de preocuparse el uno por el otro, específicamente en el área de la afirmación. "Sí prometo", finalmente se convierte en "No prometo".

En cambio, sus enemigos (bueno, esas personas que usted percibe como sus enemigos) le dicen que está "equivocado", le menosprecian, le tratan como alguien al que evitar, hacen comentarios sarcásticos sobre usted, y a menudo le confrontan, discuten y le critican. Le hacen sentir como si nunca hiciera nada bien. Puede parecer que siempre tienen que ir por delante de usted. Finalmente, usted aprende a mantenerse alejado de ellos.

A medida que crecemos y nos hacemos adultos, es más fácil evitar a esas personas que percibimos como nuestros enemigos. Cuando usted era niño, no tenía otra opción que pasar tiempo con primos arrogantes y gamberros de clase nada amigables; pero al crecer y ser cada vez más independiente, es capaz de escoger a la gente con la que quiere relacionarse. Usted limpia su vida de enemigos.

De eso se trata el divorcio.

## Haciendo enemigos a su cónyuge y sus hijos

Muchas personas carecen de encanto y pierden amigos porque son excesivamente discutidores, polémicos y críticos. Constantemente dan a otros consejo no solicitado porque desean ser admirados por su inteligencia y parecer superiores a usted.

Alguien que conocí una vez a menudo se pasaba por mi despacho de abogado y me ponía a la defensiva destacando cosas que "no estaban bien". Decía: "Oye, estábamos hablando sobre abogados en la comida, y nadie te conocía", o: "Vaya, ¿quién escogió el color de tus muebles?". Era un "Sr. Sabelotodo". A veces, parecía realmente arrogante. Estoy seguro de que su intención no era mala, pero era ofensivo. Probablemente pensaba que tan solo estaba intentando ser gracioso.

Recientemente encontré una interesante publicación en Internet de Craig Newmark, el fundador de Craigslist. Esto es lo que escribió:

> Soy un ratón de biblioteca, seriamente aplicado, y a veces eso se traduce en ser un sabelotodo… Mi jefe me dijo que se había convertido en un verdadero problema para casi la mitad de mis compañeros de trabajo. Sin embargo, dijo que lo que me salvaba era mi sentido del humor. Cuando intento ser gracioso, bueno, no importaba si era gracioso o no, al menos no estaba siendo [un patán].

> El consejo era enfocarme en mi sentido del humor y preocuparme menos por ser exactamente correcto. Es decir, no corregir a la gente cuando importaba poco.

> Tardó un tiempo el notarse, pero se notó, y parte de la tensión era menos tensa. Eso me hizo sentir bien.

> También, me di cuenta de que no soy tan divertido como pienso que soy, así que me retiré un poco… Consigo hacer más cuando no me tomo a mí mismo tan en serio. Es particularmente útil al hablar en público. No hace mucho, recibí la última palabra respecto a esto de Oscar Wilde: "Si quieres decirle a la gente la verdad, hazles reír. De lo contrario, te matarán".[3]

---

3. LinkedIn, "Best Advice: Make 'em Laugh—or They'll Kill You", http://www.linkedin.com/today/post/article/20131226113317-5062-best-advice-make-em-laugh-or-they-ll-kill-you (consultado en línea el 12 de noviembre de 2014).

Qué aburrido y frustrante debe de ser estar casado con alguien que siempre está buscando discutir o pelear, alguien que es excesivamente crítico solo para demostrar su inteligencia y alimentar su ego.

Cuando Craig Newmark dejó de actuar como un dios y dejó de demandar tener razón todo el tiempo, comenzó a hacer algunos amigos. ¿Funcionaría esto también fuera del ámbito laboral? Puede estar seguro; especialmente en el matrimonio, la relación en la que, si está casado, debiera emplear la mayor parte de su tiempo y esfuerzo. Qué aburrido y frustrante debe de ser estar casado con alguien que siempre está buscando discutir o pelear, alguien que es excesivamente crítico solo para demostrar su inteligencia y alimentar su ego.

Cuando los matrimonios se convierten en un campo de batalla de dioses peleadores, por lo general los niños son los que más sufren, con heridas y cicatrices que permanecen con ellos hasta bien entrada la edad adulta. Muchos de estos niños se vuelven personas con el corazón y el espíritu roto, y son los que terminan siendo los verdaderos perdedores.

En un viaje a Malasia, me encontré con una joven de diecinueve años que necesitaba ayuda. Parecía cansada y desaliñada. A través de un intérprete, me dijo que se odiaba a sí misma y sufría por sentimientos de rechazo. Me dijo que su madre odiaba a su padre desde hacía mucho tiempo y había querido el divorcio durante años. Cuando se le pasó por la mente la primera vez, sus hijos tenían cinco y seis años de edad, así que ella planeó divorciarse de su esposo cuando el hijo mejor cumpliera doce años. Pero cuando el hijo cumplió once, la madre se volvió a quedar embarazada, obligándola a quedarse en su infeliz matrimonio. Su siguiente hijo fue la agotada niña de diecinueve años con la que estaba hablando, que compartió conmigo que su madre la había odiado y se metía con ella todo el tiempo porque, supuestamente, ella era la culpable de las desgracias de su madre. Una vez cuando ella tenía cinco años, su madre señaló a un perro y dijo: "¡Eso es tu madre! Yo no soy tu madre. ¡Esa perra es tu madre!".

El Señor me dirigió a limpiar los recuerdos de su mente y ayudarle a perdonar a su madre. Mandé al espíritu de rechazo que se fuera de ella y le pedí al Señor que uniera sus dos personalidades: la pequeña niña herida y la mujer casi adulta. La joven estaba sentada enfrente de mí en una silla plegable. Mientras orábamos, voló hacia atrás una distancia de casi dos filas de sillas. Dios la liberó del odio a sí misma y el rechazo. A la mañana siguiente, al comenzar la clase en el instituto bíblico local, la miré y vi a una niña hermosa que brillaba positivamente. Apenas podía creer el cambio en su aspecto.

> Los hijos son blancos fáciles para el diablo. ¡Qué distinto es para los hijos cuando el matrimonio de sus padres es vibrante y amoroso!

Los niños de matrimonios separados están indefensos cuando son jóvenes. A menudo sufren al ser el blanco del enojo, la amargura y el desprecio generados por la relación rota entre marido y esposa, y se ven forzados a pagar un enorme precio emocional por ello más adelante en la vida. Los espíritus de rechazo, resentimiento, amargura, enojo, odio y rebeldía a menudo se transmiten a lo largo de generaciones, y los hijos son blancos fáciles para el diablo. ¡Qué distinto es para los hijos cuando el matrimonio de sus padres es vibrante y amoroso!

La gran lección: No tiene que llevar razón siempre. No tiene que ganar cada discusión. Juegue un partido en el que todos ganan, no uno en el que uno pierde y otro gana. Deje que su cónyuge "gane" y tenga razón siempre que sea posible. Puede obrar milagros, y al final, los dos ganarán.

## Cómo hacer amigos e influir sobre las personas

En su libro *Cómo Hacer Amigos e Influir Sobre las Personas*, Dale Carnegie escribe que si quiere que una persona sea su amigo, debería descubrir cuál es su comida favorita, sus pasatiempos, sus lugares favoritos para visitar, y cosas así; y si comparte alguno de sus gustos, hacérselo saber. Hacer esto hace que él "tenga la razón", es una afirmación poderosa, y él le tendrá por un amigo. Suena a manipulación, pero si es sincero, es sabiduría.

Algunas personas nunca aprenden a hacer amigos e influir sobre las personas. Tan solo quieren ganar, ¡punto! Terminan sin influir sobre nadie y haciendo cero amigos.

Repito: debe aprender a crear amor haciendo que la otra persona lleve la razón. Algunos lo llaman encanto; yo lo llamo inteligencia. Muérdase el labio y controle su boca. Siga el consejo del apóstol Santiago:

> *Hermanos míos, no os hagáis maestros muchos de vosotros, sabiendo que recibiremos mayor condenación. Porque todos ofendemos muchas veces. Si alguno no ofende en palabra, éste es varón perfecto, capaz también de refrenar todo el cuerpo. He aquí nosotros ponemos freno en la boca de los caballos para que nos obedezcan, y dirigimos así todo su cuerpo. Mirad también las naves; aunque tan grandes, y llevadas de impetuosos vientos, son gobernadas con un muy pequeño timón por donde el que las gobierna quiere. Así también la lengua es un miembro pequeño, pero se jacta de grandes cosas. He aquí, ¡cuán grande bosque enciende un pequeño fuego! Y la lengua es un fuego, un mundo de maldad. La lengua está puesta entre nuestros miembros, y contamina todo el cuerpo, e inflama la rueda de la creación, y ella misma es inflamada por el infierno. Porque toda naturaleza de bestias, y de aves, y de serpientes, y de seres del mar, se doma y ha sido domada por la naturaleza humana; pero ningún hombre puede domar la lengua, que es un mal que no puede ser refrenado, llena de veneno mortal. Con ella bendecimos al Dios y Padre, y con ella maldecimos a los hombres, que están hechos a la semejanza de Dios. De una misma boca proceden bendición y maldición. Hermanos míos, esto no debe ser así.* (Santiago 3:1–10)

Cuando mis hijos estaban en la escuela y el instituto, nuestra familia se interesó por los caballos de carreras de cuarto de milla. Para controlar un caballo, ponemos un bocado en su boca conectado a las riendas que se usan para aplicar presión al bocado. Cuanto más tozudo es el caballo, más severo debe ser el bocado para contrarrestar la fuerza del caballo y llamar su atención. Con un pequeño bocado, se puede domar a un caballo de quinientos kilos.

Algunos necesitamos poner un bocado santo en nuestra boca y aprender a controlar nuestra lengua y nuestro ego.

Después de advertirnos que frenemos nuestra lengua y dejemos de decir palabras equivalentes a maldecir, el apóstol Santiago habló de aplicar sabiduría a lo que decimos.

> *¿Quién es sabio y entendido entre vosotros? Muestre por la buena conducta sus obras en sabia mansedumbre. Pero si tenéis celos amargos y contención en vuestro corazón, no os jactéis, ni mintáis contra la verdad; porque esta sabiduría no es la que desciende de lo alto, sino terrenal, animal, diabólica. Porque donde hay celos y contención, allí hay perturbación y toda obra perversa. Pero la sabiduría que es de lo alto es primeramente pura, después pacífica, amable, benigna, llena de misericordia y de buenos frutos, sin incertidumbre ni hipocresía. Y el fruto de justicia se siembra en paz para aquellos que hacen la paz.* (Santiago 3:13–18)

Un hombre sabio habla con mansedumbre y sabiduría, no con palabras maliciosas que vienen de un corazón de envidia amarga y riña. Llevar razón y ganar a toda costa, incluyendo el precio del matrimonio y los hijos de uno, no es sabiduría del cielo sino necedad del reino de las tinieblas.

Una conversación que se asemeja al cielo es pura, apacible, amable, se acepta fácilmente y está llena de misericordia y buenos frutos. Las palabras dichas son imparciales y no buscan promoverse por encima de los demás. La persona que habla no debería ser hipócrita, ofreciendo consejo cuando él mismo tiene la misma falta. Sus palabras deberían llevar paz en vez de pelea. Sea un pacificador. Jesús dijo: *"Bienaventurados los pacificadores, porque ellos serán llamados hijos de Dios"* (Mateo 5:9).

> Cuando usted le quita la razón a su cónyuge, se está disparando en su propio pie. Siempre que un marido menosprecia a su esposa y le critica, verdaderamente se está menospreciando a sí mismo y llevando vergüenza sobre sí mismo.

Está bien quitarle la razón a un oponente en un juicio o en un juego deportivo, pero el matrimonio no es un campeonato entre oponentes, porque un marido y su esposa son una sola carne (véase, por ejemplo, Efesios 5:31), y *"nadie aborreció jamás a su propia carne"* (Efesios 5:29). Cuando usted le quita la razón a su cónyuge, se está disparando en su propio pie. Siempre que un marido menosprecia a su esposa, y le critica, verdaderamente se está menospreciando a sí mismo y llevando vergüenza sobre sí mismo. Si su esposa es tan mala, ¿por qué se casó con ella? Él debe de ser entonces alguien que no sabe juzgar el carácter. Si llevan casados varios años, ¿cómo puede ser que él no haya sido capaz de cambiarla influyendo sobre ella con su propio "buen carácter"?

Dele la razón a la otra persona siempre que pueda. Esto hará que él o ella esté de su lado. Cada uno tiene un punto de vista. Para abrir la mente de alguien y el corazón y hacer que acepte su propio punto de vista, o al menos que lo escuche, póngase de acuerdo primero con él o ella y vea lo que ocurre. Por supuesto, hay veces en que no debería ponerse de acuerdo, por ejemplo si la otra parte le está sugiriendo algo ilegal o inmoral.

Más de una vez, entro en una sala de juicio e inmediatamente elimino la tensión estrechando la mano del abogado contrario mientras sonrío y digo algo amable.

"Hola. Gracias por devolver mi llamada. Lo agradezco".

"Sabe, su cliente lleva razón y no le culpo por enojarse. Mi cliente lo siente. ¿Podemos hablar un momentito?".

"Vaya, bonita corbata. ¡Se ve muy bien!".

Se sorprendería de cómo la otra parte intentará devolver el elogio.

Una vez, zanjamos un caso y mi cliente prometió pagar 9.000 dólares en treinta días. Era un ingeniero y tuvo que viajar a Guam. En el frenesí de los preparativos del viaje, olvidó enviar el cheque por correo. A su regreso, recibí un mensaje muy feo del abogado contrario informándome de que había vuelto a abrir el caso y que nos veríamos en el tribunal el lunes por la mañana. Era sábado.

El lunes por la mañana, mientras salíamos del elevador y caminábamos por el largo pasillo hasta la sala del juicio, vimos al demandante, que medía más de dos metros de alto, con sus dos abogados, que también medían unos dos metros. Nos miraban agresivamente mientras nos acercábamos a ellos. Era como caminar "la milla verde" o enfrentarse a Goliat. Mi cliente dijo: "¡Brrrr!". Me acerqué a los abogados, y dije: "Lo sentimos mucho. Tienen toda la razón. Mi cliente acaba de regresar de Guam y se le olvidó por completo enviar el cheque. Gracias por llamarme".

Sus rostros se ablandaron de inmediato y se miraron el uno al otro. Finalmente, el demandante dijo: "Bueno, si su cliente puede escribir un cheque ahora mismo con la cantidad total, nos olvidaremos de todo esto".

Mi cliente sacó su libreta de cheques, escribió el cheque, y todos se fueron sonriendo y felices. El caso terminó ahí. Tuvimos un buen almuerzo.

Dele la razón a alguien, y hará todo lo posible por devolverle el favor. Funciona en los negocios, los deportes y, lo crea o no, también en los matrimonios.

## Llenar el tanque del amor

Cada vez que da la razón a su cónyuge, usted gana un poco de amor; cada vez que le quita la razón a su cónyuge, usted pierde un poco de amor.

> ¿Cuándo fue la última vez que le dijo a su cónyuge que le amaba, o le dio un elogio? Busque formas de mantener el amor bien lleno hasta el borde.

Así, ¿por qué las parejas casadas emplean tanto tiempo creando odio? Siga quitándole la razón a su cónyuge y el pozo del amor finalmente se secará. Rellene el pozo cada día creando amor, es decir, dando la razón a su cónyuge todo lo que pueda. ¿Cuándo fue la última vez que le dijo a su cónyuge que le amaba, o le dio un elogio? Busque formas de mantener el amor bien lleno hasta el borde. Por eso los cónyuges inteligentes compran flores o pequeños regalos de vez en cuando. Ellos abrazan y besan, o lanzan una sonrisa en el camino de su cónyuge todo lo que pueden.

He aprendido cómo decirle a menudo a mi cónyuge lo hermosa que es, que sigue siendo la misma chica con la que me casé hace más de cincuenta años. Lo digo con toda sinceridad, incluso aunque ahora es un hábito. Pase tiempo dándole gracias a su cónyuge. Yo digo: "Gracias, cariño", al menos seis veces al día. Él o ella necesita ser apreciado y afirmado como alguien que tiene valía. Nunca deje que el tanque del amor se seque. Llénelo hasta arriba diariamente. No me diga que no puede porque ya no tiene más amor para él o ella. Eso es estar demasiado ocupado amándose a uno mismo y culpando a otros de su infelicidad.

Si sigue conduciendo su automóvil y se olvida de ponerle gasolina en el depósito, su vehículo pronto se calará y apagará. Del mismo modo, si no le ha dado gracias a su cónyuge o no le ha permitido tener razón durante más de una semana, usted está a punto de detenerse en la autopista del matrimonio.

Algunos consejeros matrimoniales afirman que los hombres buscan respeto y admiración mientras que las mujeres quieren sentirse necesitadas. Cuando una esposa le falta al respeto a su esposo, es un grave error, porque al margen de lo consumado que él sea, eso le hace no tener razón. Quizá almacene el dolor en el fondo de su mente y espere la oportunidad de tomar represalias, consciente o inconscientemente.

Haga que su esposa no se sienta querida o necesitada, y ella almacenará el dolor en algún lugar y se la devolverá a su "maridito" más adelante, a sabiendas o no. Es la naturaleza humana. Los cónyuges siguen tirándose al cuello del otro y no entienden por qué. Quizá estén intentando decir algo.

Recuerdo en los días felices de los años sesenta, pegatinas en los paragolpes de los autos que decían: "¡Haz el amor, no la guerra!". Quizá deberíamos pegar eso en las carteleras de todo el mundo. ¡Haz el amor, no la guerra! Quizá no el tipo de amor en el que usted está pensando, pero amor de todos modos. ¿Qué tal si todas las personas del mundo intentaran darle la razón al otro? Sería el paraíso. Si todas las personas del mundo emplearan su tiempo quitándole la razón a todos, sería el infierno en la tierra. Quizá algunos sabemos lo que es el infierno.

## Cómo Dios nos dio la razón

Dios ve más allá del juego del "Yo tengo razón, y ustedes están equivocados" al que nosotros jugamos. Una cosa es segura: si actuamos como dioses, ya estamos equivocados. Adán y Eva cometieron este error. Solo hay un Dios verdadero, el Señor Jesucristo. El Señor Jesús, cuando vino a la tierra en carne, era la única persona sin pecado y justa sobre la tierra. Todos los demás estábamos equivocados. Pero nuestro Señor Jesús murió en la cruz para darnos la razón delante de Dios. Tomó sobre Él mismo todos nuestros errores para que nosotros no tuviéramos ninguno. Pagó el precio por nosotros mediante su sufrimiento y muerte. Eso es amor.

Nosotros realmente no tenemos justicia propia de la que merezca la pena hablar. Nuestros mejores esfuerzos son como trapos de inmundicia para Dios. (Véase Isaías 64:6). En su lugar, la justicia de Jesús se nos imputa o se nos concede para hacernos justos y aceptables delante del trono de Dios. (Véase Romanos 4:11, 22).

## Primero, pregúntese

Cada vez que esté a punto de tener una discusión, pregúntese: "¿Estoy intentando tener razón? ¿Estoy tan solo intentando demostrar que soy un dios? ¿Merece la pena?". Si no es de vida o muerte, déjelo. Con el tiempo, aprenda a decir palabras amables y no desafiantes, de confrontación y palabras y frases de discusión. El Señor Jesús no vino a la tierra en carne para enseñorearse de nosotros, sino que vino como un siervo humilde.

> *Haya, pues, en vosotros este sentir que hubo también en Cristo Jesús, el cual, siendo en forma de Dios, no estimó el ser igual a Dios como cosa a que aferrarse, sino que se despojó a sí mismo, tomando forma de siervo, hecho semejante a los hombres; y estando en la condición de hombre, se humilló a sí mismo, haciéndose obediente hasta la muerte, y muerte de cruz.* (Filipenses 2:5–8)

La palabra griega traducida como *"siervo"* en este versículo significa *"esclavo"*. Un siervo o esclavo no tiene estatus social y se le menosprecia en la sociedad. Pero Dios honra al humilde y contrito de espíritu.

> *Porque así dijo el Alto y Sublime, el que habita la eternidad, y cuyo nombre es el Santo: Yo habito en la altura y la santidad, y con el quebrantado y humilde de espíritu, para hacer vivir el espíritu de los humildes, y para vivificar el corazón de los quebrantados.* (Isaías 57:15)

Humíllese, haga las paces, discúlpese, arrepiéntase y pida perdón. Un marido que sabe decir "lo siento" es un hombre sabio y encontrará la paz. Por supuesto, esto es tanto para maridos como para esposas. No significa que uno deba ser un felpudo que otros pisen. Significa que necesitamos tener un corazón que sea lento para la ira y rápido para perdonar.

Ante los ojos de Dios, la piedad no es ganar y llevar razón. Es humillar nuestro yo y ser siervo de todos.

## Excepciones a la regla

Antes de seguir avanzando, permítame decir que la sabiduría debe prevalecer. Hay casos en los que la separación y/o el divorcio son apropiados, aunque he descubierto que estos casos son raros. He tenido casos en los que un marido era tan abusivo que la vida de su esposa corría peligro. En una situación, el marido a menudo llegaba borracho a casa y perjurando. Cuando no estaba bebiendo, era una persona maravillosa, pero cuando estaba borracho, gritaba, maldecía y golpeaba a su esposa. Aún así, rehusaba someterse a consejería. Cuando amenazó con matar a su esposa, fue finalmente el momento de escapar para ella.

Una amiga mía cristiana estaba casada con un marido religioso, que de algún modo era esquizofrénico. Le amenazó con matarla muchas veces. Ella siempre oraba y le pedía a Dios que le protegiera.

> Humíllese, haga las paces, discúlpese, arrepiéntase y pida perdón. Un marido que sabe decir "lo siento" es un hombre sabio y encontrará la paz. Por supuesto, esto es tanto para maridos como para esposas.

Una noche, él se emborrachó y llamó a su esposa para decirle que iba a casa para matarla. Mientras ella oraba, Dios le dijo que huyera. Ella lo hizo, y finalmente, hizo la petición de divorcio, ya que su esposo no cambiaba.

En otro caso, un esposo enojado estaba constantemente empujando a su esposa y poniéndole un cuchillo en la garganta durante sus arrebatos de ira. Ella literalmente temblaba de miedo y tenía que "ir de puntillas" por su propia casa. En varias ocasiones, él la ahogaba hasta que ella perdía el conocimiento. Él rehusó someterse a consejería profesional. Yo le aconsejé a ella que fuera a un refugio para mujeres maltratadas. No era el primer matrimonio de este hombre, y sus anteriores esposas habían sufrido las mismas experiencias.

La sabiduría dicta que hay veces en que una persona está tan fuera de control o endemoniada que es capaz de usar la violencia e incluso el asesinato. En casos donde todo razonamiento y normalidad se tiran por la ventana, un cónyuge maltratado no puede permitirse ser la víctima de la ira. En casos como estos, Satanás está trabajando y controlando a la otra parte.

## Resumen

Cuando uno de los cónyuges está abrumando y ganando la mayoría de las discusiones, el "perdedor" comenzará a defenderse o bien mintiendo o desconectando. No importa quién gane, la comunicación muere y la pareja se separará. Sus mejores amigos le darán la razón la mayor parte de las veces, mientras que sus enemigos se la quitarán. Evitamos a nuestros enemigos. Lo mismo ocurre en el matrimonio. Si uno de los cónyuges es sofocante, el otro cónyuge querrá evitarle. La forma suprema de evitarle es el divorcio.

> Un poco de amor se crea cada vez que le da la razón a su cónyuge; un poco de amor se pierde cada vez que le quita la razón a su cónyuge. Siga llenando su matrimonio de amor.

Un poco de amor se crea cada vez que le da la razón a su cónyuge; un poco de amor se pierde cada vez que le quita la razón a su cónyuge. Siga llenando su matrimonio de amor. Sea enseñable y busque el sabio consejo de aquellos que están en autoridad espiritual sobre usted. El Señor Jesús fue el único que realmente tenía "la razón", pero decidió morir en la cruz para hacer que nosotros, que estábamos eternamente "equivocados", tuviéramos razón delante de Dios.

Moisés era el único sin pecado cuando descendió del monte con los Diez Mandamientos escritos en piedra. Vio al pueblo bailando desnudo alrededor de un becerro de oro. Sin embargo, le pidió a Dios que tomara su vida y perdonara al pueblo. *"Entonces volvió Moisés a Jehová, y dijo: Te ruego, pues este pueblo ha cometido un gran pecado, porque se hicieron dioses de oro, que perdones ahora su pecado, y si no, ráeme ahora de tu libro que has escrito"* (Éxodo 32:31–32).

El primer Adán fue lo contrario. Culpó a Eva para librarse del castigo y después pretendió ser quien tenía razón. No funcionó. Antes de entrar en una discusión, pregúntese: ¿Estoy intentando tener razón solo para derrotar a la otra persona y demostrar que soy un dios?

# 3

# LOS ACUERDOS DIRIGEN
# EL MUNDO

Los acuerdos lo son todo. El significado de cada palabra en cada lenguaje se crea mediante un acuerdo. Si no pudiéramos ponernos de acuerdo en el significado de las palabras, no podríamos comunicarnos. Si lee un documento escrito en tibetano, asumiendo que usted no habla tibetano, no podría entender o sacar nada de ello. No recibiría conocimiento alguno ni poder, y el documento no tendría valor para usted. No tiene valor para usted porque no hay acuerdo respecto a los significados de cada palabra. Si, no obstante, el documento estuviera escrito en español, usted lo entendería y posiblemente obtendría conocimiento y poder, porque usted conoce el acuerdo.

Los acuerdos gobiernan más que las palabras o el lenguaje; dirigen el mundo.

## Los gobiernos mundanos dirigen por acuerdos

El mundo funciona mediante acuerdos. Hay muchos tratados de paz y cooperación entre naciones: acuerdos sobre el comercio, el intercambio, las finanzas, los privilegios del espacio aéreo, el control de las fronteras, la cooperación mutua de los ejércitos, y un largo etcétera. Grupos como la organización World Trade Organization, la Convención de Génova, la Organización del Tratado del Sureste asiático, la Unión Europea, las Naciones Unidas, y muchos otros representan cooperación y acuerdos entre naciones. Sin estos tratados y otras formas de acuerdos, el mundo estaría en un estado constante de agitación y caos.

Los gobiernos hacen leyes, reglas y directivas para regular a sus propios ciudadanos y asuntos internos. Las leyes, reglas y estipulaciones son formas de acuerdos. Como ciudadanos, nos ponemos de acuerdo para obedecer las leyes en nuestras comunidades.

## Las sociedades funcionan por medio de acuerdos

Los acuerdos son medios importantes de crear y mantener la paz en una sociedad y de regular el comercio y otras actividades. Las sociedades establecen instituciones como el ejército, la policía y los departamentos de justicia para hacer cumplir estas leyes y acuerdos. Crean tribunales, prisiones, reformatorios y centros de detención para quienes rompen los acuerdos. Sin leyes y un sistema que las haga cumplir, habría anarquía y caos.

Algunas personas no son buenas cumpliendo acuerdos, o trabajan intencionalmente para saltárselos. Les falta integridad y honestidad. En vez de obedecer las leyes y reglas, hacen todo lo posible para alardear de saltarse el orden establecido.

En Honolulu, cuando la ciudad contrató a un grupo profesional para poner vehículos con cámaras ocultas para atrapar a los que se saltan los límites de velocidad y los semáforos en rojo, la protesta pública fue tan grande que el ayuntamiento canceló el contrato diciendo que le daba demasiada ventaja a la policía. Los infractores querían un terreno de juego más nivelado. Para ellos, romper la ley y golpear a la policía es el juego al que juegan.

## El ejército funciona mediante un acuerdo

En el ejército, si un soldado no cumple los acuerdos, sus compañeros de milicia podrían morir. Si una patrulla pide ayuda con una cobertura aérea a las 08:00 horas y no llega hasta las 09:00, la patrulla o bien no puede avanzar o será vencida por el enemigo. Sin una estricta obediencia y sumisión a la autoridad, no puede haber eficacia militar. No ganarán al enfrentarse a un enemigo bien entrenado que nunca rompe las jerarquías o que no deja de seguir un protocolo adecuado.

El ejército de Dios se describe como sigue: "*Como valientes correrán, como hombres de guerra subirán el muro; cada cual marchará por su camino, y no torcerá su rumbo. Ninguno estrechará a su compañero, cada uno irá por su carrera; y aun cayendo sobre la espada no se herirán*" (Joel 2:7–8). Un ejército que no puede obedecer termina disparándose entre ellos o apuñalándose por la espalda.

> Romper las leyes y los acuerdos es una característica del principio de la violación de la autoridad del reino de Satanás. La obediencia es un principio del reino de Dios.

Romper las leyes y los acuerdos es una característica del principio de la violación de la autoridad del reino de Satanás. La obediencia es un principio del reino de Dios. Algunos cristianos intentan operar en ambos reinos a la vez.

## Las modas y la belleza se hacen mediante acuerdo

Lo que usted viste, el maquillaje que usa, incluso su manera de hablar y caminar se establecen mediante acuerdos. Si otras personas en la sociedad no están de acuerdo en que su ropa, maquillaje, lentes y automóvil son "aceptables" o "de moda", probablemente no lo llevaría. Las costumbres y tradiciones se crean y mantienen mediante acuerdos. En Fiyi y Samoa, los hombres llevan faldas llamadas *sulus*. En América, la convención (acuerdo) social dicta que solo las mujeres llevan faldas. En Japón, usted puede sorber sus espagueti; en América, sorber se considera de mala educación. Eructe fuerte después de comer en Oriente Medio y su anfitrión se agradará y se sentirá honrado. Hágalo después de comer en la casa de los padres de su novia en América y puede que jamás vuelva a verla.

La belleza es un acuerdo. En el periodo del Renacimiento, las mujeres hermosas eran rechonchas y bajitas. En la Polinesia, una mujer hermosa tenía que pesar al menos ciento cuarenta kilos para ser atractiva. Las mujeres japonesas tenían que caminar con los pies torcidos hacia adentro para ser admiradas, mientras que la mujer china tenía que tener los pies diminutos. En algunas comunidades y tribus, las mujeres deben llevar tatuajes por su rostro o grandes platos en su labio inferior. Algunas tribus ven el que le falten los dientes paletos del frente como un signo de belleza. Otras se embelesan con largos cuellos arropados por aros de metal que les hacen parecer las espirales de un refrigerador. Camine por las calles de América con un plato en su labio o tatuajes por todo su rostro, y rápidamente reconocerá que hay diferentes acuerdos de belleza y moda para los distintos países. En América, una mujer debe ser delgada y medir cerca de un metro ochenta centímetros de altura para poder convertirse en Miss América. Hace siglos, a las mujeres así se les hubiera considerado raras.

## El acuerdo en los deportes y los juegos

Todo juego o deporte está creado por un acuerdo: póquer, ajedrez, bridge, fútbol, baloncesto, béisbol, voleibol, golf, rugby, cualquiera que usted nombre. Todos se crean formando acuerdos llamados "reglas del juego". Si usted juega con otras reglas, no está jugando el mismo juego.

Cualquiera puede ganar una carrera cruzándose por en medio de la pista hasta el otro lado del óvalo, pero hacerlo sería ilegal según las reglas del atletismo. Incluso la Biblia reconoce esto: *"Y también el que lucha como atleta, no es coronado si no lucha legítimamente"* (2 Timoteo 2:5). Una vez, en el maratón de Honolulu, un corredor fue sorprendido subiéndose en un autobús hasta la línea de meta. Fue coronado con vergüenza y se le prohibió participar de por vida.

En algunos juegos, romper las reglas se llama "falta". Hay distintos tipos de faltas. Hay faltas normales, hay faltas intencionales, y hay faltas flagrantes. Hay pequeñas infracciones y grandes infracciones. Cuando usted es sorprendido rompiendo una regla, casi siempre hay una pena o castigo. Si toca el brazo de un jugador cuando está lanzando el balón a la canasta, este recibirá dos o tres tiros libres. Cometa demasiadas faltas y le expulsarán del partido. Golpee a un jugador intencionalmente o al árbitro, y es una falta flagrante y será expulsado del partido.

En el matrimonio, algunos cónyuges juegan con reglas distintas, sabiéndolo o sin saberlo, y cometen faltas de vez en cuando. Una infracción relativamente menor puede llevar a una pena menor, como dormir en el sofá o recibir el "trato del silencio". Como en el baloncesto, sin embargo, una falta seria o flagrante puede llevar a ser expulsado del partido por completo. Si un marido es sorprendido durmiendo con una mujer que no es su esposa, puede estar fuera del partido del matrimonio, incluso aunque sea la primera vez. Regrese a casa borracho y bien avanzada la noche, y puede que tenga que dormir en la caja del castigo: el sofá. Un juez en una sala de divorcio puede convertirse en el árbitro.

Los buenos jugadores conocen las reglas y juegan cumpliéndolas. Los jugadores que no conocen las reglas o las ignoran no jugarán durante mucho tiempo. Algunos atletas han sido sorprendidos usando sustancias ilegales para mejorar su rendimiento o apostando en los resultados de sus propios partidos y les han retirado las medallas, les han sacado del Salón de la Fama y, por lo general, la comunidad deportiva los aparta.

## La empresa funcionan mediante acuerdos

Su lugar de trabajo funciona mediante acuerdos. Cuando aceptó su trabajo, accedió a una miríada de acuerdos, tanto escritos como implícitos. Su jefe espera que usted rinda a cierto nivel, llegue a tiempo, trabaje bien con los demás, y represente a su organización ante otros de una forma profesional. Dependiendo del trabajo, hay un acuerdo implícito de que completará cierta cantidad de trabajo semanal. Si trabaja en una fábrica, hay acuerdos en cuanto a la cantidad de producción y el nivel de calidad. Rompa esos acuerdos y le disciplinarán, degradarán o incluso despedirán.

Las reglas no escritas pueden aplicarse también a quién puede entrar en ciertas salas o a la tarea asignada a los que llegan nuevos. A menudo hay "órdenes jerárquicas" entre los empleados. Los trabajadores con antigüedad quizá tengan ciertos privilegios.

## Las relaciones funcionan mediante acuerdos

> Algunas personas no se dan cuenta de que una relación cercana con el Señor es una calle de doble vía. Dios cumple sus promesas cuando nosotros cumplimos las nuestras.

La base de las relaciones es el acuerdo. Si rompe constantemente los acuerdos con otra persona, su relación con esa persona se verá afectada. Si él o ella pierde su confianza y fe en usted, su relación está en peligro.

Algunas personas no se dan cuenta de que una relación cercana con el Señor es una calle de doble vía. Dios cumple sus promesas cuando nosotros cumplimos las nuestras. Una y otra vez, los israelitas se rebelaron y desobedecieron a Dios y a sus autoridades delegadas o profetas. No cumplieron su parte del pacto de Dios y por eso Dios no habló a Israel durante cuatrocientos años antes del nacimiento de Jesús. No había profetas durante ese tiempo porque Israel había fallado en su relación con Dios. Fue solo debido a la gracia y misericordia de Dios que volvió a relacionarse con ellos.

Cuando Jesús terminó su misión muriendo en la cruz por nuestros pecados y resucitando corporalmente de la muerte, canceló nuestro antiguo pacto con Dios y estableció un nuevo pacto en su sangre.

Si no cumplimos nuestra parte del pacto, Dios pasará por alto la suya, incluso hoy día. *"No como el pacto que hice con sus padres el día que los tomé de la mano para sacarlos de la tierra de Egipto; porque ellos no permanecieron en mi pacto, y yo me desentendí de ellos, dice el Señor"* (Hebreos 8:9). Algunos cristianos siguen aún intentando resucitar el viejo pacto, aunque ya no existe. (Véase Hebreos 8:7–13). La palabra *pacto* significa "acuerdo solemne".

## Qué ocurre cuando usted reconoce

Las personas ansían la validación y el acuerdo. Quieren que otras personas reconozcan que son dignas de ser amadas y admiradas. A fin de cuentas, los dioses merecen ser admirados y adorados; por lo tanto, cuando otras personas reconocen que usted es digno de respeto, amor y admiración, a usted le encanta. Quizá esto no parezca muy espiritual, pero es una clave para llevarse bien. Aprenda a dar a otros la razón y verá que usted se encuentra en una posición en la que todos ganan. El novio con el que una mujer se casa por lo general es el que más le hace sentir que ella tiene razón de todos los demás pretendientes. A quienes ella rechaza son los hombres que no le hicieron sentir bien consigo misma. Las personas a las que usted ama y acepta son las que están de acuerdo con usted en lo grande que usted es.

Yo tenía una amiga, Susan, que estaba a punto de dejar su trabajo. "Mi trabajo es horrible", se lamentaba ella. "La jefa del equipo secretarial es una bruja y nuestro jefe es un gruñón".

"¿Por qué es una bruja?", pregunté yo.

"Nos regaña todo el día y le parece mal todo lo que hacemos, hasta lo más pequeño. Todos están decepcionados de continuo. Se mete conmigo todo el tiempo por cualquier cosa".

"¿Por qué es tan exigente?".

"Creo que es porque, el año pasado, el presidente principal y su secretaria se jubilaron y escogieron a otra mujer como la secretaria para el nuevo presidente. ¡Ella cree que es mejor que la secretaria del presidente!".

"¿Y tu jefe?".

"Él entra en la oficina pisando fuerte cada mañana, cierra la puerta dando un portazo y no habla con nadie. A la hora del almuerzo, sale y no dice nada. Después regresa y vuelve a cerrar dando un portazo hasta que llega la hora de salir del trabajo".

"¿Qué problema tiene?".

"No lo sé. Todos le tienen miedo y nadie le respeta como jefe".

"Como te vas a ir del trabajo de todas formas, ¿por qué no juegas a un juego en la oficina?".

"¿Como cuál?".

"Reconoce que la jefa del equipo secretarial es la mejor secretaria de la compañía. Después, trata a tu jefe con una dosis extra de respeto. Llámale 'Jefe' y dile que le respetas".

"De acuerdo".

Aproximadamente un año después, vi a Susan en la acera enfrente de mi oficina. Se acercó a mí corriendo y me dijo efusivamente: "¿A que no sabes qué? Comencé a decir a la jefa del equipo secretarial que era la mejor secretaria de la compañía, y ella comenzó a invitarme a ir con ella a tomar café y a comer. Finalmente, me trató como a su propia hija. Yo iba temprano por la mañana, limpiaba el despacho de mi jefe, y le llevaba café. Él me preguntó por qué me portaba tan bien con él. Yo le dije que él era nuestro jefe y que teníamos que cuidar bien de él. Terminó llevándome a almorzar al menos una vez por semana".

"¿Dejaste el trabajo?".

"¡No! Hace dos meses, el vicepresidente general se jubiló y le dije a mi jefe que la líder del equipo secretarial era la mejor secretaria de la compañía. La ascendieron a secretaria del vicepresidente general. ¿Y averigua qué? A mí me nombraron la nueva jefa del equipo secretarial".

Hay muchas personas ahí fuera muriéndose por ser reconocidas por otros. A veces se llama "hacer un cumplido" o "pulir la manzana", pero otras veces, simplemente se llama "reconocer".

## La iglesia está llena de acuerdos

Hay muchos acuerdos en la iglesia también. Tareas y responsabilidades, respeto, obediencia, sumisión, todos ellos son acuerdos implícitos. Los miembros de la iglesia aceptan las reglas no escritas de pagar diezmos, orar diariamente, leer la Biblia, y asistir los domingos por la mañana. Hay también unas leyes implícitas relativas a la sumisión, obediencia, integridad, lealtad y autoridad espiritual.

> Las personas desobedientes rompen tanto las leyes de Dios como las de los hombres. Está en su corazón. Hay muchos pequeños dioses por ahí fuera que no obedecen a nadie y deciden vivir según sus propias leyes.

Además, hay leyes escritas y promesas en la Biblia. Rómpalas y estará en problemas no solo con su pastor sino también con Dios. Las personas desobedientes rompen tanto las leyes de Dios como las de los hombres. Está en su corazón. Hay muchos pequeños dioses por ahí fuera que no obedecen a nadie y deciden vivir según sus propias leyes. Papá Adán y mamá Eva lo comenzaron; nosotros estamos andando en sus pisadas.

Las expectativas son otra forma de acuerdo. Su pastor tiene expectativas. Estas expectativas pueden incluir diligencia, madurez espiritual, amor, lealtad, sumisión y obediencia. Haga todo eso, y quizá le asciendan a una posición de anciano. Pocas ovejas se convierten en pastores sin cumplir con estas expectativas. Su pastor sabe en quién puede confiar, quién es leal o diligente y quién es rebelde o poco fiable. Él sabe quién es el primero en ofrecerse como voluntario y quién desaparece cuando hay trabajo por hacer.

La Biblia tiene más de cinco mil promesas de Dios, ¡y Él las cumple todas! Las promesas son acuerdos.

Un pastor busca a las personas que saben cumplir sus acuerdos. A los que no lo hacen se les llama no fiables o desleales. Los que cumplen los acuerdos finalmente pueden ser llamados pastores, ancianos y diáconos. Los que realmente cumplen los acuerdos con el cuerpo de Cristo y con Dios a menudo terminan siendo llamados apóstoles, profetas, evangelistas, pastores y maestros.

En la iglesia, Dios hace la mayor parte de los acuerdos. Su Palabra es un acuerdo, y una promesa para nosotros. Él respalda su palabra todo el tiempo. Además de las leyes, la Biblia tiene más de cinco mil promesas de Dios, ¡y Él las cumple todas! Las promesas son acuerdos.

Las leyes de la naturaleza gobiernan el universo. Un ateo quizá piense que fueron hechas por la "Madre Naturaleza", pero Dios creó toda la naturaleza. Hasta donde sé, un ateo es alguien que no cree en la existencia de Dios, hasta que algo sale mal. Entonces culpa a Dios: "¿Por qué permitió Dios que el tsunami matara a tanta gente?".

## La vida es un juego de acuerdos

Hay muchas leyes, acuerdos, reglas y estipulaciones en la vida. Por eso a la vida a menudo la llamamos un juego. Está llena de problemas que resolver. La misma persona que es campeona en los deportes puede ser un mal jugador en el juego de la vida o el matrimonio. No parece divertida ni que se parezca a un juego a veces, pero no todos los juegos son divertidos en el sentido tradicional. Los antiguos aztecas y mayas jugaban a cierto juego una vez al año. Los miembros del equipo ganador eran tratados como reyes durante un año, pero el capitán y unos pocos miembros del equipo perdedor, eran decapitados allí mismo.

Usted es un jugador en la vida, le guste o no. Para ser un buen jugador, necesita conocer las reglas y los acuerdos, y cumplirlos. Algunas personas no se dan cuenta de que la vida y el matrimonio también son juegos, y no ven que los problemas están para resolverse, no para quejarse por ellos. Por lo tanto, van dando tumbos sin visión alguna o metas en mente y a menudo son llorones. Son malos jugadores. Es casi como entrar en un estadio lleno de espectadores, pensando que usted se va a sentar cerca del cuadrilátero, y no saber que verdaderamente es usted al que la gente ha ido a ver. Algunas personas se casan sin tener ni idea de que existen reglas, estipulaciones y acuerdos en el matrimonio, que ellos son los jugadores y que otros están observando.

## Los juegos son para resolver los problemas

Los juegos están llenos de problemas. Resuelva sus problemas mejor que su oponente, y usted gana; falle en resolver sus problemas, y perderá, a menos que su oponente sea peor resolviendo problemas que usted.

Enseñamos a nuestros hijos a jugar a la guerra en sus iPads o computadoras. Cuando crecen, muchos juegan a juegos de guerra reales. A años alternos, los miembros del ejército de varias naciones se reúnen en las aguas que rodean Hawái para jugar a juegos de guerra. Se le conoce como RIMPAC. En 2012, Rusia participó. En 2014, incluyó a veintidós naciones juntas, con China como observadora. Se originó como un ejercicio sobre cómo jugar juntos según ciertas reglas y resolver problemas, con el fin de que las naciones del mundo mejoren a la hora de trabajar juntas, todos con la esperanza de desarrollar confianza y que disminuya la amenaza de guerra. Algunos, sin embargo, creen que es parte de un juego más grande, llamado "formar un gobierno mundial".

La mayoría de nosotros participamos en juegos meramente como fans y espectadores. Tenemos una satisfacción indirecta cuando gana nuestro equipo favorito.

El matrimonio no es un deporte de espectador. Si está casado, usted es un jugador del juego. Usted no fue arrastrado a la fuerza hasta el ring. Si ignora o desconoce las reglas y los acuerdos, no estará preparado para ganar. Resuelva los problemas en el matrimonio y será un ganador con un matrimonio feliz.

## Cómo convertirse en un jugador ganador

Un posible cónyuge que no cumpla sus acuerdos y promesas también es una mala inversión en el matrimonio. La capacidad de hacer y cumplir acuerdos es la clave para el poder y el éxito en la vida.

No vivir conforme a sus acuerdos demuestra una debilidad en su carácter. Los equipos de deportes profesionales toman en cuenta el carácter y la reputación de un atleta en cuanto al cumplimiento de las leyes de la sociedad. Por mucho talento que tenga un jugador universitario, si ha tenido frecuentes altercados con la ley, se convierte en una inversión de riesgo. El deporte profesional es una gran empresa, y no se pueden permitir invertir dinero y tiempo en un posible joven que cometa un delito y avergüence a la organización al ser suspendido o incluso expulsado de por vida.

Un posible cónyuge que no cumpla sus acuerdos y promesas también es una mala inversión en el matrimonio. La capacidad de hacer y cumplir acuerdos es la clave para el poder y el éxito en la vida. Huir de hacer acuerdos no logra nada salvo falta de fiabilidad e irresponsabilidad. Los buenos jugadores conocen las reglas. Muchas veces un golfista ha perdido un torneo por no conocer las reglas del juego. Del mismo modo, muchos cónyuges han perdido sus matrimonios porque tampoco conocían las reglas.

## Cómo convertirse en un jugador perdedor

Los dioses hacen las leyes y los acuerdos pero ellos piensan que están por encima de ellas. Rompen las reglas existentes e inventan sus propias nuevas reglas siempre que pueden.

Algunos políticos viven una doble vida. Su imagen pública es de austeridad e integridad moral, pero en lo secreto, hacen tratos de favor a cambio de una compensación y gastan grandes fondos públicos en entretener amigos o quizá manteniendo a una querida.

A lo largo de la historia de la humanidad, reyes y emperadores han hecho sus propias reglas siempre que les ha convenido. Los fariseos y saduceos de los tiempos de Jesús eran hipócritas a un nivel impresionante. Para el público, eran hombres santos. En privado, sin embargo, ignoraban las leyes de Dios o las evitaban para agradarse a sí mismos. Hay muchos relatos históricos que exponen cómo los sacerdotes se casaban con una prostituta, durmiendo con ella por la noche, y luego se divorciaban por la mañana. Un sacerdote hizo esto cincuenta veces en un año.

Incluso hoy día, algunas de nuestras organizaciones religiosas interpretan la Biblia de formas ventajosas para sus estilos de vida o para agradar a la sociedad y el gobierno. Es la obra del espíritu del anticristo lo que hace que los hombres crean que son dioses que están por encima de la ley.

En general, la humanidad no es buena cumpliendo los acuerdos con Dios y unos con otros. El divorcio representa una ruptura de contrato, romper las promesas hechas entre un marido y su esposa. Es una falta de integridad. Cuando dijimos: "Sí, quiero", hicimos el acuerdo de amar y cuidar a nuestro cónyuge, en la riqueza y en la pobreza, en la salud y en la enfermedad, en lo bueno y en lo malo, hasta que la muerte nos separe.

Con demasiada frecuencia, cuando decimos eso, mentimos.

## El acuerdo matrimonial

El matrimonio es un contrato. Hay muchos acuerdos ciegos en el matrimonio que el cónyuge podría ignorar. Un mal matrimonio está lleno de acuerdos rotos, al margen de que las partes conocieran o no los acuerdos o las expectativas. Quizá un marido no sabe que su esposa espera que él cuide de la casa de su madre dos veces por semana. Quizá una esposa no sepa que su marido espera una amante dispuesta cada vez que él sienta el amor. La mayoría de los recién casados vagan en la oscuridad los primeros años de matrimonio antes de darse cuenta de qué es lo que esperan sus cónyuges. Algunos nunca llegan a saberlo.

En el matrimonio, la mayoría de los problemas están causados por acuerdos o expectativas implícitas que la parte ofensora no sabía que existían.

Es mejor aclarar cuáles son los acuerdos antes de casarse. A menudo, una persona ni siquiera conoce qué espera de su futuro cónyuge, así que mucho menos cuáles son las cosas en las que se pondrán de acuerdo. ¿Cómo puede su cónyuge saber lo que usted quiere si no se lo dice? O peor aún, ¿cómo puede un cónyuge suplir sus expectativas y metas si nunca las ha especificado y ni siquiera usted mismo las conoce?

Si no está de acuerdo, o es capaz de suplir, las expectativas y metas que tiene la otra persona, no se case con él o ella. Si está de acuerdo, cumpla sus acuerdos. Cuanto más fiel es una pareja en cumplir sus acuerdos, más fuerte es su matrimonio. Cumplir los acuerdos no significa que le encante hacer todo lo que usted prometió hacer. Limpiar los retretes no es divertido pero, si acordó hacerlo, entonces hágalo. A menudo, nos vemos forzados hacer acuerdos que no nos gustan, pero eso es la vida. No siempre nos gusta tampoco tener que obedecer a Dios.

En el matrimonio, la mayoría de los problemas están causados por acuerdos o expectativas implícitas que la parte ofensora no sabía que existían. La mayoría de los hombres piensan en sexo, sexo, sexo, siempre y en todo lugar. La mayoría de las mujeres piensan en tener hijos y hacer un hogar, ¡y ya está! Para muchas mujeres, el sexo es solo un medio de conseguir lo que realmente quieren. Aparte de eso, es algo secundario. Hay, claro está, excepciones. Por lo tanto, necesitamos llegar a formar el hábito de hacer que las cosas estén claras y sean realistas.

Cuando dirijo la consejería matrimonial, hago que las parejas hagan un contrato escrito matrimonial que enumere sus acuerdos. Por supuesto, el contrato no es un papel legal, y siempre se pueden alterar si ambas partes así lo acuerdan, pero al menos, han escrito muchas de las expectativas que esperan que se cumplan de una forma que puede tratar los problemas antes de que surjan. Entre los puntos que deben discutir y acordar están los siguientes:

- ¿Quién trabaja? ¿Uno? ¿Ambos?

- ¿Qué cuentas bancarias? ¿Qué nombre en cada cuenta? ¿Qué bancos?

- ¿Dividimos a la mitad todos los bienes?

- ¿Quién paga las cosas y los gastos de la casa? ¿Ambos? ¿Uno? ¿De qué cuenta?

- ¿Cuánto deberíamos apartar y ahorrar cada mes para comprar una casa o apartamento?

- ¿Cuánto esperaremos para poder comprar una casa? ¿Qué tipo de casa? ¿Dónde?

- ¿Cuántos hijos? ¿En qué tiempo? ¿Bajo qué condiciones?

- ¿Quién cuida de los niños? ¿Quién se levanta por la noche para dar de comer y cambiar los pañales?

- ¿Qué tipo de educación para los niños: pública, privada, religiosa?

- ¿Qué hay de la religión? ¿Dónde nos congregaremos?

- ¿Cuánto tiempo emplearemos en actividades de la iglesia?

- ¿Debería haber un acuerdo mutuo respecto a los regalos para los padres? ¿Familia?

- ¿Dónde viviremos después de la boda?¿Cuánto pagaremos de renta?

- ¿Cuánto deberíamos gastar al mes? ¿Gastar en qué?

- ¿Cuánto puede gastar cada uno sin pedir permiso al otro?

- ¿Cuántos automóviles? ¿A nombre de quién estará el auto o autos?

- ¿Qué hay de las aficiones? ¿Cuánto dinero y tiempo deberíamos dedicar a nuestras aficiones?

- ¿Quién pasa una noche fuera con sus amigos? ¿Con qué frecuencia?

- ¿Qué hay de las actividades al aire libre para cada uno? ¿Ejercicio? ¿Spas? ¿Golf?

- ¿Cuántos días al mes pasaremos con los padres de él? ¿De ella?

- ¿Quién cocina cada comida? ¿Con qué frecuencia podemos salir a comer fuera?

- ¿Qué tipo de comida? ¿Quién lava y seca los platos?

- Tareas: ¿Quién saca la basura? ¿Quién limpia el baño? ¿Quién aspira la alfombra?

- ¿Quién lava los automóviles? ¿Corta el césped?

- ¿Quién compra qué? ¿Juntos?

- Sexo: ¿con qué frecuencia? ¿Cuáles son las excepciones o excusas permitidas? ¿Qué está prohibido?

- ¿Qué quiere la esposa en términos de amor y respeto? ¿Qué quiere el marido?

- ¿Cuánto tiempo dedicaremos a intereses individuales, como la lectura?

- ¿Qué haremos si no podemos resolver una discusión?

- ¿Qué cosas concretas se esperan del otro cónyuge?

- ¿Qué está dispuesto a aportar a este matrimonio?

- ¿Qué quiere que su cónyuge aporte a este matrimonio?

Al final de este libro se incluyen estas preguntas y un ejemplo de contrato en los Apéndices A, B y C. Por favor, dedique un momento a verlos y escribir sus ideas. Si está pensando en casarse, sería útil que su futura pareja también los rellenara. Luego comparen sus respuestas, discútalas y establezcan algunos acuerdos.

Cada pocos años después de casarse, vuelvan a leer sus acuerdos juntos. De nuevo, no hay nada malo en cambiar los acuerdos o provisiones, mientras los dos estén de acuerdo en los cambios. El punto vital es mantener las expectativas claras y escritas.

## Ser como Cristo es cumplir sus acuerdos

Puede que una persona tenga apariencia de piedad estando en la iglesia con las manos alzadas al cielo y con lágrimas por sus mejillas, pero a la vez, podría estar viviendo con su novia en una felicidad de soltero con dos hijos ilegítimos. Dios no puede ser burlado. No se puede ser rebelde y santo a la vez. No puede adorar al verdadero Dios de Abraham, Isaac y Jacob mientras actúa también como su propio dios.

> Dios no puede ser burlado. No se puede ser rebelde y santo a la vez. No puede adorar al verdadero Dios de Abraham, Isaac y Jacob mientras actúa también como su propio dios.

Muchos cristianos dicen cosas con su boca pero su corazón está lejos de Dios. *"Este pueblo de labios me honra; mas su corazón está lejos de mí. Pues en vano me honran, enseñando como doctrinas, mandamientos de hombres"* (Mateo 15:8–9). Cumplir sus acuerdos con Dios se llama "obediencia". Cumplir sus acuerdos con su cónyuge se llama "sabiduría".

## Resumen

Los acuerdos están por todas partes. Dirigen nuestro mundo. Las modas y los cánones de belleza se crean mediante acuerdos. Hay muchos acuerdos implícitos en su lugar de trabajo e iglesia. Dios pone las reglas en la iglesia, y los pastores nos enseñan lo que son. Los gobiernos y las sociedades se dirigen mediante leyes, reglas, estipulaciones y acuerdos.

Cada deporte o juego al que jugamos está creado mediante acuerdos. Los formamos mediante reglas y estipulaciones. Jugamos a muchos juegos en la vida. Los juegos se crean, en parte, para que podamos aprender a resolver problemas y obtener satisfacción al hacerlo. Las personas que resuelven más problemas o los problemas más grandes por lo general son las que ganan el juego. La vida es un juego en cuanto a que está llena de problemas que resolver y reglas por las que vivir.

Cada relación está construida sobre acuerdos y reglas, muchas implícitas y escondidas. El matrimonio es un acuerdo, o contrato, entre dos individuos y Dios. Un buen matrimonio es aquel en el que los cónyuges cumplen sus acuerdos entre ellos y con Dios.

Las personas que juegan a ser dios hacen reglas y acuerdos, pero piensan que ellos están por encima, privilegiados de hacer y romper las reglas con impunidad. Nosotros no somos dioses.

# 4

# ACUERDO: LA FUENTE DE PODER

## Los acuerdos dan poder

Como señalé en el capítulo previo, los acuerdos están por todas partes; dirigen el mundo. El universo fue creado mediante un acuerdo. Adán fue creado mediante un acuerdo. *Hagamos al hombre a nuestra imagen* (Génesis 1:26).

Necesitamos un mejor entendimiento de los acuerdos antes de avanzar, especialmente en el área del poder, tanto secular como espiritual.

El lenguaje común en sí es un acuerdo que da mucho poder. En Génesis 11:1–9, los habitantes de la tierra tenían solo un lenguaje.

Estaban en total acuerdo unos con otros, al menos en lo que a lenguaje se trataba, y tenían mucho poder y unidad debido a ello.

> *Tenía entonces toda la tierra una sola lengua y unas mismas palabras. Y aconteció que cuando salieron de oriente, hallaron una llanura en la tierra de Sinar, y se establecieron allí. Y se dijeron unos a otros: Vamos, hagamos ladrillo y cozámoslo con fuego. Y les sirvió el ladrillo en lugar de piedra, y el asfalto en lugar de mezcla. Y dijeron: Vamos, edifiquémonos una ciudad y una torre, cuya cúspide llegue al cielo; y hagámonos un nombre, por si fuéremos esparcidos sobre la faz de toda la tierra. Y descendió Jehová para ver la ciudad y la torre que edificaban los hijos de los hombres. Y dijo Jehová: He aquí el pueblo es uno, y todos éstos tienen un solo lenguaje; y han comenzado la obra, y nada les hará desistir ahora de lo que han pensado hacer. Ahora, pues, descendamos, y confundamos allí su lengua, para que ninguno entienda el habla de su compañero. Así los esparció Jehová desde allí sobre la faz de toda la tierra, y dejaron de edificar la ciudad. Por esto fue llamado el nombre de ella Babel, porque allí confundió Jehová el lenguaje de toda la tierra, y desde allí los esparció sobre la faz de toda la tierra.*          (Génesis 11:1–9)

De forma muy semejante a los primeros babilonios, los científicos modernos llegan a las estrellas y visualizan el día en que la humanidad pueda habitar no solo la luna, sino también otros planetas en constelaciones distantes. Estos científicos encuentran poder en la unidad de lenguaje y las matemáticas, ya que las matemáticas son el lenguaje de la ciencia. Personas de países y culturas distintas pueden todos identificarse con el lenguaje común de los números, las matemáticas y las fórmulas científicas. Un científico informático en China puede tener el mismo entendimiento y conocimiento que un científico informático en Francia, y así, es la comunidad de las matemáticas y el lenguaje científico lo que permite que científicos de todo el mundo trabajen juntos para hacer avanzar la ciencia.

Tristemente, en la época de Babel, los corazones de los hombres eran malos, y el principal poder que buscaban venía de su deseo de ser como Dios y de alcanzar el cielo por sí mismos, sin la ayuda de Dios. Para impedir sus malas intenciones, Dios les confundió mandándoles una confusión con diversos lenguajes. El resultado fue la falta de unidad y una repentina pérdida de poder. El punto es claro: la unidad y el acuerdo producen poder.

## Acuerdos bilaterales y unilaterales

Algunos acuerdos se llaman "bilaterales" y otros "unilaterales". Un contrato *bilateral* es uno en el que cada una de las partes de un contrato hace promesas a la otra parte o partes. Por ejemplo, en el contrato de una venta de un automóvil, el comprador promete pagar al vendedor 20 mil dólares a cambio de la promesa del vendedor de entregarle el título y la posesión del auto al comprador con un recibo de 20 mil dólares.

En un contrato unilateral, sin embargo, solo una parte del contrato hace una promesa. Un ejemplo es cuando la parte A declara que pagará 50 dólares a la primera persona que dé la vuelta a la manzana corriendo en cinco minutos. La parte B no está obligada a correr alrededor de la manzana en cinco minutos, pero si lo hace, y si cumple todos los requisitos de la promesa de la parte A, la parte B recibe los 50 dólares. La parte B no tiene que prometer a la parte A que correrá alrededor de la manzana en cinco minutos. Simplemente lo hace.

## Acuerdos explícitos e implícitos

Los acuerdos escritos o hablados se llaman acuerdos "explícitos". Pero hay dos tipos de acuerdos que no tienen que estar escritos o dichos en voz alta. Uno se llama un acuerdo "implícito" y el otro se llama un acuerdo "constructivo". Ambos son importantes de entender. Habrá consecuencias si usted ignora su presencia en su vida o no sabe que existen. Muchos de nuestros problemas están causados por ignorar, no saber, o romper acuerdos implícitos. Saber qué acuerdos implícitos están en validez es útil, porque romper un acuerdo implícito a menudo tiene como resultado algún tipo de castigo, ya sea monetario o la pérdida de respeto, confianza o amistad.

Cuando usted se sube a un taxi en algún lugar, nunca firma un contrato, pero no por ello deja de estar obligado a pagar la tarifa. Es un acuerdo implícito en el momento en que el taxi comienza a avanzar. Del mismo modo, cuando usted pide un plato de sopa en un restaurante, no hay un acuerdo escrito que usted firme y no está obligado a decir: "Yo pagaré la sopa". Pero si no paga ni al taxista ni al camarero del restaurante se verá metido en problemas.

> Cuando usted entra en el matrimonio, hay todo tipo de acuerdos implícitos. Quizá no sea consciente de sus consecuencias o incluso de su existencia. Aun así, si no los cumple, puede que sufra consecuencias.

En las iglesias, hay muchos acuerdos implícitos respecto a la lealtad, sumisión, obediencia y cadena de mando. En algunas iglesias, usted debe vestir traje y corbata; en otras, puede ir en bikini. En Hawái, hay varias iglesias que tienen sus servicios los domingos por la mañana en la playa y usted puede estar ahí en bañador. Simultáneamente, algunos adoran en enormes catedrales con ujieres y flores.

Cuando usted entra en el matrimonio, hay todo tipo de acuerdos implícitos. Quizá no sea consciente de sus consecuencias o incluso de su existencia. Aun así, si no los cumple, puede que sufra consecuencias directas. Por ejemplo, olvide el cumpleaños de su esposa, y descubrirá que ha roto un acuerdo implícito. No la crea cuando ella le diga: "No, no me compres nada en mi cumpleaños. Tengo todo lo que necesito". Ella quería que le comprara algo, y le duele y decepciona que se le olvidara. No conocer los acuerdos implícitos puede ser como ir a tientas en la oscuridad.

Cuando conoce los acuerdos implícitos de una relación matrimonial, sin embargo, su confusión puede disminuir y las probabilidades de tener una relación más feliz mejorarán sustancialmente.

## Acuerdos constructivos

Los acuerdos constructivos están hechos para el bien público. Un doctor se encuentra con la escena de un accidente y ayuda a una víctima inconsciente. Ofrece los primeros auxilios u ofrece otros servicios médicos y acompaña al paciente al hospital. El hospital cuida del paciente. Tanto el doctor como el hospital tienen derecho a recibir el pago por sus servicios prestados. Obviamente, esto no puede ser un acuerdo escrito, verbal o implícito, ya que la víctima está herida o incluso inconsciente, así que los tribunales tienen acuerdos "creados" para el bien público. Sin ellos, pocos doctores u hospitales tratarían a una víctima inconsciente. Esto es simplificar en exceso la ley por contrato pero, para los propósitos de este libro, simplemente seamos conscientes de que existen en el mundo muchos tipos de acuerdos.

## Expectativas

Hay una famosa historia que dice algo así: Un jefe tribal tenía una hija en edad casadera que era muy hermosa, pero también tenía un temperamento espantoso, era impaciente, y tenía una lengua muy afilada. Ninguno de los hombres de su aldea se atrevía a casarse con ella, incluso cuando el jefe bajó los requisitos para entregar su mano en matrimonio a cinco cabezas de ganado. Después rebajó el precio a dos cabezas de ganado, y aún así los hombres tenían miedo de sus terribles pataletas y amarga disposición a que pidieran su mano.

Finalmente, un hombre de otra aldea llegó y le ofreció diez cabezas de ganado por su mano en matrimonio. Por supuesto, esto agradó mucho al jefe. En la noche de bodas, la novia sentía la curiosidad de saber por qué la oferta había sido más del precio requerido. Ella pensó que su esposo era un necio. El sabio esposo dijo: "Fue porque tú bien vales ese precio. Creo que eres la mujer más hermosa, misericordiosa y amable que he conocido jamás. Para mí fue un estupendo trato".

A partir de ese momento, la hija que antes era fiera se convirtió en la mujer más compasiva, amable y bondadosa de todo el condado, y la pareja llegó a ser famosa. Ella había sido ganada por la sabiduría y las palabras amables de su esposo, y se esforzaba por cumplir las expectativas que tenía de ella. En pocas palabras, ella estuvo de acuerdo con sus expectativas.

## El poder de la Deidad está en el acuerdo, o unidad

El poder de la Deidad se encuentra en el perfecto acuerdo o unidad entre Padre, Hijo y Espíritu Santo. Primera de Juan 5:7–8 dice: *"Porque tres son los que dan testimonio en el cielo: el Padre, el Verbo y el Espíritu Santo; **y estos tres son uno**. Y tres son los que dan testimonio en la tierra: el Espíritu, el agua y la sangre; **y estos tres concuerdan**"*.

Jesús es la Palabra de Dios. (Véase Apocalipsis 19:13).

El nombre de Dios es "Señor Jesucristo". El nombre del Padre en el Antiguo Testamento es *"Jehová de los ejércitos"* (Jeremías 10:16). El nombre del Hijo es "Jesús". El nombre del Espíritu Santo es "Cristo". *"Cristo en vosotros, la esperanza de gloria"* (Colosenses 1:27). El Padre, el Hijo y el Espíritu Santo son uno. Aquí reside el poder de la Deidad.

Por eso oramos por la sangre de Jesús y la Palabra de Dios. Siempre que lo hacemos, el Espíritu Santo viene en acuerdo y trae el poder de la Deidad. Inténtelo. Ore todos los versículos (la Palabra) que conozca sobre la sangre y sienta la presencia del Espíritu Santo. Todo demonio del reino de las tinieblas conoce su poder y tiembla.

## El poder en nosotros

El acuerdo es el asiento de poder también para los seres humanos. "¿Cómo podría perseguir uno a mil, *y dos hacer huir a diez mil, si su Roca no los hubiese vendido, y Jehová no los hubiera entregado?"* (Deuteronomio 32:30). Uno puede perseguir a mil y dos pueden perseguir a diez mil, gracias al Señor. El poder aumenta diez veces cuando dos personas oran en acuerdo y unidad.

Si tres o más oran juntos, el poder aumenta exponencialmente. Por eso iglesias enteras deberían orar juntas; no solo los miembros de una sola iglesia sino muchos creyentes en unidad con otras iglesias, incluso alrededor del mundo.

Mateo 18:19 dice: *"Otra vez os digo, que si dos de vosotros se pusieren de acuerdo en la tierra acerca de cualquiera cosa que pidieren, les será hecho por mi Padre que está en los cielos"*. Muchos cristianos han testificado que cuando han orado juntos en perfecto acuerdo con otro creyente, Dios ha hecho milagros.

Uno de los miembros de la primera iglesia a la que pertenecí trabajaba en el departamento de personal de un gran hospital. Su hija telefoneó una mañana, y dijo: "Mamá, ¿sabías que el hijo de tal persona tuvo un accidente de tráfico y ha estado en coma en tu hospital por tres meses?". Su madre llamó a una enfermera con la que oraba a menudo y ambas fueron a la habitación del paciente que estaba en coma. Juntas, oraron, haciendo alusión a Mateo 18:19: "Señor Jesús, tú dijiste que si dos de nosotros nos poníamos de acuerdo en algo en oración, nuestro Padre en el cielo lo haría por nosotros. Nos ponemos de acuerdo en que este joven saldrá de su coma en el nombre de Jesús". Cuando dijeron "Amén", el joven abrió sus ojos y salió de su coma. Otra persona se enteró de esto y pidió a estas dos señoras que orasen por otro paciente que estaba en coma. De nuevo, oraron en acuerdo y el paciente recuperó la consciencia.

He usado esta oración a menudo cuando oro por la sanidad de la gente, y Dios la ha honrado muchas veces.

Mateo 18:20 dice: *"Porque donde están dos o tres congregados en mi nombre, allí estoy yo en medio de ellos"*. Jesús accede a estar donde dos o tres cristianos se junten en unidad en su nombre. Es una promesa de Dios.

Quizá por eso nuestro Señor Jesús envió a sus discípulos de dos en dos en vez de individualmente. (Véase Lucas 10:1).

Marido y esposa son dos, pero a la vez son uno. Cuando oran juntos en acuerdo, tienen mucho poder. Pruébelo. Aparten un tiempo cada día para orar juntos como pareja, y vean a Dios obrando milagros en su matrimonio y mucho más.

Aparten un tiempo cada día para orar juntos como pareja, y vean a Dios obrando milagros en su matrimonio y mucho más.

Dios de hecho nos reta a probarle en esto para ver si no cumple su palabra. *"Traed todos los diezmos al alfolí y haya alimento en mi casa; y probadme ahora en esto, dice Jehová de los ejércitos, si no os abriré las ventanas de los cielos, y derramaré sobre vosotros bendición **hasta que sobreabunde"*** (Malaquías 3:10). Pruebe al Señor; vea si no cumplirá su palabra. Oren juntos en acuerdo y con fe y vea lo que hace Dios.

Dios quiere que estemos en unidad unos con otros. Satanás conoce esto y obra constantemente para mantenernos separados.

> *¡Mirad cuán bueno y cuán delicioso es habitar los hermanos juntos en armonía! Es como el buen óleo sobre la cabeza, el cual desciende sobre la barba, la barba de Aarón, y baja hasta el borde de sus vestiduras; Como el rocío de Hermón, que desciende sobre los montes de Sion; porque allí envía Jehová bendición, y vida eterna.*
>
> (Salmos 133:1–3)

Cuando estamos en perfecta unidad y armonía en la iglesia, el Señor unge a todos en la iglesia. La unción desciende desde los líderes de arriba (la barba de Aarón) hasta los que están abajo (el borde de las vestiduras de Aarón). El rocío de Hermón al que alude el salmista era la única sustancia o agua que recibían las plantas en el desierto. Era precioso y descendía de los cielos para dar vida. De forma similar, Dios promete que donde hay unidad en la iglesia, Él mandará la bendición y proveerá vida para siempre.

En el matrimonio, el principio de unidad o acuerdo perfecto funciona del mismo modo. Cuando un marido y su esposa están en perfecto acuerdo y armonía, el uno con el otro, Dios mandará la bendición, incluso vida eterna. Ellos se convierten en una sola carne. (Véase Efesios 5:31). La relación recibe poder e incluso los hijos son bendecidos. Donde no hay acuerdo, no hay poder y el matrimonio se mantiene frágil y dividido. Donde hay acuerdo entre el marido y la esposa, y cuando estos acuerdos se cumplen, el matrimonio se dirige a la bendición. Como preguntó el profeta Amós: "¿Andarán dos juntos, si no estuvieren de acuerdo?" (Amós 3:3). Busque el acuerdo con el otro, siempre que sea posible. Después cumpla sus acuerdos. Dios cumple todas sus promesas; nosotros deberíamos intentar hacer lo mismo.

## Castigos por romper los acuerdos

Cuando una persona rompe constantemente sus promesas y acuerdos, se convierte en alguien que no es de fiar y nadie confiará en él. Esto sucede ya sea que la persona sea consciente de los acuerdos o no. Algunas personas están tan acostumbradas a romper sus acuerdos que apenas si se comprometen a nada. Pídales reunirse con ellos en un lugar a cierta hora y dirán: "Lo intentaré", dejándose una puerta abierta por si fallan. "Oh, realmente no prometí estar a tiempo", dicen rápidamente como excusa. "Dije que 'intentaría', pero no lo prometí".

> En el matrimonio, una buena relación entre marido y esposa está basada en la confianza y la fe. Rompa demasiadas de sus promesas y el matrimonio se volverá débil e inestable. Entonces habrá poca confianza o fe el uno en el otro, y poco poder en la relación.

Las buenas relaciones se crean cuando aclaramos nuestros acuerdos y luego los cumplimos. No diga: "¡Sí!" y después resulte ser un no.

En el matrimonio, una buena relación entre marido y esposa está basada en la confianza y la fe. Rompa demasiadas de sus promesas y el matrimonio se volverá débil e inestable. Entonces habrá poca confianza o fe el uno en el otro, y poco poder en la relación. *"Si un reino está dividido contra sí mismo, tal reino no puede permanecer. Y si una casa está dividida contra sí misma, tal casa no puede permanecer"* (Marcos 3:24–25).

Por lo general suele haber un castigo siempre que alguien rompe sus acuerdos, la falta de unidad y de poder es solo el comienzo. Las cárceles están llenas de personas que han fracasado a la hora de cumplir sus acuerdos con la sociedad. Son malhechores, y la sociedad los considera personas que no son de fiar, así que son marginados y puestos en prisión. Si la ofensa es relativamente menor, hay una multa monetaria para que no cometan infracciones futuras. Cuanto peor es la infracción, más severa es la pena. A veces, los malhechores son puestos en libertad condicional.

En el matrimonio, como en las demás relaciones, hay también formas de libertad condicional y castigo. Una persona que constantemente rompe promesas y acuerdos, ya sea consciente o inconscientemente, sufrirá la pérdida de confianza y fe de su pareja. A menudo se tarda tiempo en restaurar esa confianza, y puede haber largos periodos "de prueba".

Por eso es importante saber que los acuerdos implícitos, o no verbalizados, existen en su matrimonio. Es difícil evitar las penas por romper los acuerdos que ni siquiera sabemos que existen, o que no entendemos bien, o pensamos que no son importantes. Una persona quizá piensa que no es importante para su cónyuge recordar su aniversario, mientras que a otra persona puede dolerle mucho este desliz. Cumpla sus acuerdos con Dios y, a su debido tiempo, Él le exaltará y le dará mucho poder y entendimiento espiritual.

## Resumen

El acuerdo y la unidad son fuentes de poder tanto en el mundo físico como el espiritual. Donde hay unidad, Dios promete bendecir, e incluso dar vida para siempre. El poder de la Deidad está en el perfecto acuerdo entre Padre, Hijo y Espíritu Santo. El poder espiritual de un cristiano aumenta cuando hay acuerdo con otros cristianos. Por eso Satanás es más eficaz cuando la iglesia se divide. Cuantas más denominaciones e iglesias independientes haya, más división y debilidad existe en el cuerpo de Cristo. Un reino o casa dividida no puede permanecer. (Véase Mateo 12:25; Marcos 3:24; Lucas 11:17).

A veces, rompemos los acuerdos porque no sabemos que existen. Los problemas en el matrimonio a menudo son el resultado de no darse cuenta de la existencia de cierto acuerdo implícito, no entender bien lo que son los acuerdos, o ignorarlos por completo. Debemos entender los distintos tipos de acuerdos, como los acuerdos explícitos, implícitos y constructivos. Cuando somos conscientes de los acuerdos, los reconocemos en cualquier lugar de la vida.

Por lo general hay castigos por romper los acuerdos, al margen de que conociera o no que dichos acuerdos existían. Por lo menos, hay una pérdida de confianza o fe. Usted puede fortalecer su matrimonio decidiendo qué acuerdos existen y luego cumpliendo esos acuerdos. A veces, las expectativas se vuelven acuerdos. Cuando uno no cumple las expectativas de otra persona, esa persona se decepcionará. Por el contrario, cuando uno conoce las expectativas de la otra persona, él o ella puede esforzarse por cumplir esas expectativas, asumiendo que son razonables.

# 5

## ¿QUIÉN LO HIZO?

Hasta aquí, hemos hablado de dos características de un presunto "dios": (1) los dioses siempre tienen razón y nunca pierden; y (2) los dioses están por encima de la ley y no están obligados a cumplir sus propios acuerdos. En este capítulo, veremos la tercera característica de un dios.

Como abogado de divorcios durante muchos años, he oído innumerables historias acerca de quién es el culpable, qué circunstancias provocaron la ruptura, qué produjo la falta de comunicación, cómo otros familiares están empeorando las cosas, cómo las disputas por el dinero o la infidelidad provocaron la ruptura, y cosas así. Tristemente, ninguna de estas quejas va al verdadero asunto, y a diferencia de una buena novela de un misterioso asesinato, ninguno de mis clientes o sus excónyuges realmente descubrieron jamás quién lo hizo realmente.

## ¿Es usted una víctima?

Muchas personas verdaderamente creen que no tienen control sobre su vida. Se ven a sí mismos como víctimas de las circunstancias y las acciones de otros. Por lo tanto, no se consideran responsables de lo que ocurre en sus vidas, incluyendo el matrimonio. Son llevados inocentemente por la corriente, incapaces de navegar, golpeándose con los obstáculos, dando a parar a trabajos terribles, y encerrados en un matrimonio desdichado. Es la reacción de alguien que piensa que él o ella es un dios.

Los dioses nunca se equivocan y nunca pierden. Cuando las cosas van bien, ellos reciben el mérito; pero si las cosas van mal, no es su culpa ni su responsabilidad. Siempre fue otro el que lo hizo mal. Su matrimonio es malo por su cónyuge. Su trabajo es horrible por la injusticia de su jefe y sus compañeros de trabajo conspiradores. "Pobre de mí; nadie me escucha; todos van contra mí".

Eso es una mentira. Usted no es víctima de su cónyuge. Nunca lo fue. Usted es la víctima de sus propias malas actitudes, expectativas incorrectas y falta de entendimiento. Usted mismo es el responsable. Hubo un día en que quiso su matrimonio y a su cónyuge. Usted dijo: "Sí, quiero". Usted accedió a ello. Podría haber dicho: "No quiero", pero dijo: "Lo haré", y "Sí, quiero". Usted accedió. Cuando accedió a hacerlo, usted lo provocó en su vida. Si fue engañado, usted se engañó a sí mismo.

Usted no es la víctima de nadie. Usted no es la reacción; usted es la acción. Usted no es la respuesta; usted es el estímulo. Usted creó su matrimonio. Entonces mintió al respecto.

## Poder para crear y causar

¡Usted es poderoso! Por sus propias palabras, usted pone cosas en movimiento. Usted es casi como un verdadero dios. Quizá no crea las cosas del mismo modo en que Dios lo hace, pero, no obstante, usted puede hacer que las cosas sucedan. La Biblia nos dice que cosechamos lo que sembramos. (Véase Gálatas 6:7).

Usted ha sido parte de la causa en casi todo lo que le ha ocurrido en su vida.

Ocurrió lo mismo con Adán. Adán y Eva no fueron víctimas de la serpiente. Después de la caída, Adán intentó culpar a Dios y a Eva. "*Y el hombre respondió: La mujer que me diste por compañera me dio del árbol, y yo comí*" (Génesis 3:12). Quizá se engañó a sí mismo, pero no pudo engañar a Dios. Adán jugó a ser la víctima y pasó el turno, pero Dios le pidió cuentas. Eva también jugó al juego de la culpa: "*Entonces Jehová Dios dijo a la mujer: ¿Qué es lo que has hecho? Y dijo la mujer: La serpiente me engañó, y comí*" (Génesis 3:13).

Dios pidió cuentas a las tres partes implicadas por lo que hicieron. Él maldijo a la serpiente, a la mujer y después a Adán. (Véase Génesis 3:14–19). Él también le pedirá cuentas a usted de lo que haya hecho. Usted puede engañarse a sí mismo pero no pude engañar a Dios. La carne siempre intentará escabullirse culpando a otros y poniendo excusas, pero no podemos engañar al Señor.

Adán y Eva nunca se arrepintieron, como algunos afirman. Una vez leí que cuando usted llegue al cielo, podrá reconocer a Adán y Eva porque ellos serán los únicos que no tengan ombligo. Esto no es cierto. Adán y Eva están en el hoyo.

Si se hubieran arrepentido, Dios les habría perdonado. "*Si confesamos nuestros pecados, él es fiel y justo para perdonar nuestros pecados, y limpiarnos de toda maldad. Si decimos que no hemos pecado, le hacemos a él mentiroso, y su palabra no está en nosotros*" (1 Juan 1:9–10). Dios no ha cambiado. "*Porque yo Jehová no cambio*" (Malaquías 3:6; véase también Hebreos 13:8).

Adán y Eva se podrían haber humillado, haber confesado sus pecados, haberse arrepentido y sometido a la misericordia de Dios, pero no quisieron. A fin de cuentas, fue culpa de la serpiente. ¿Por qué deberían aceptar la culpa cuando no hicieron nada malo? En cambio, fueron expulsados del huerto del Edén. Fueron engañados por su propia carne e insistieron en que eran víctimas inocentes de la serpiente, e incluso de Dios. (Véase Génesis 3:23–24).

Los descendientes de Adán son astillas del viejo madero. Piensan igual. La serpiente está rodando por los arbustos, desternillándose de risa.

Dios ama al humilde y contrito de espíritu. Él mora con ellos.

*Porque así dijo el Alto y Sublime, el que habita la eternidad, y cuyo nombre es el Santo: Yo habito en la altura y la santidad, y con el quebrantado y humilde de espíritu, para hacer vivir el espíritu de los humildes, y para vivificar el corazón de los quebrantados.*

(Isaías 57:15)

> Incluso hoy día, los descendientes del primer Adán siguen siendo orgullosos, faltos de arrepentimiento e inocentes a sus propios ojos. Son las víctimas de sus propios cónyuges y circunstancias, intachables a sus propios ojos, o al menos no tan culpables.

Dios no podía seguir morando con los orgullosos y rebeldes Adán y Eva. Ya no eran su imagen espiritualmente, así que tuvo que expulsarlos de su presencia. Este versículo hace alusión al propio espíritu de Dios. Dios es humilde.

Adán y Eva se habían vuelto orgullosos. Incluso hoy día, los descendientes del primer Adán siguen siendo orgullosos, faltos de arrepentimiento e inocentes a sus propios ojos. Son las víctimas de sus propios cónyuges y circunstancias, intachables a sus propios ojos, o al menos no tan culpables como la otra persona. Dicen cosas como: "Bueno, admito que yo también me equivoqué, pero ella tiene más culpa que yo".

Hay algunas cosas sobre las que no tenemos un control total, como la economía. Pero hemos asentido o creado la mayoría de las cosas que nos ocurren en la vida. Otros dioses pueden haber contribuido a crear, o haberse unido a la hora de causar, algunos de los problemas de su vida, pero usted es una parte de la causa en casi todo lo que ocurre en su vida. Usted causó las relaciones con los miembros de su familia; usted provocó su matrimonio, sus hijos, trabajo, aficiones, posesiones y actividades. Usted creó ir a la iglesia que va. Escogió a sus amigos, enemigos y suegra. Usted creó vivir en la comunidad en la que reside: sus amigos y sus enemigos. Usted es la causa de quién es, de lo que hace y de lo que tiene. ¡Deje de mentir!

Los dioses de fantasía rehúsan asumir la responsabilidad de las cosas malas que hay en sus vidas.

## Usted es responsable de lo que crea

Las personas más exitosas en la vida son las que asumen la responsabilidad de todo lo que crean, bueno o malo. Reconocen sus errores y avanzan.

Henry J. Kaiser fue un empresario industrial que creó Kaiser Aluminiun, Kaiser Steel, Kaiser Automobile, y otras empresas que se vieron forzadas a demandar por protección de bancarrota federal varias veces. Cada vez, Kaiser reconocía que había cometido sus errores, aprendido de ellos y avanzado. Finalmente se convirtió en uno de los hombres más ricos de América y fue responsable de formar muchas otras compañías, incluyendo Kaiser Health Plan, con hospitales en varios estados incluido Hawái, un complejo hotelero en Waikiki llamado Hawaiian Village Hotels, y la maravillosa subdivisión Hawaii Kai, una de las promociones inmobiliarias más finas de Hawái. Murió en 1967 y dos escuelas, una en Hawái y otra en California, llevan su nombre. El Sr. Kaiser nunca culpó a otros ni a sus circunstancias.

Adoptar el papel de víctima le hace un irresponsable, un llorón despreocupado, que culpa a todos los que le rodean de sus propios errores. Nunca aprende nada porque sigue siendo perfecto a sus propios ojos. ¿Por qué cambiar a alguien que ya es perfecto?

El azote de los matrimonios en América hoy día son los padres irresponsables que no apoyan a sus hijos. Rehúsan pagar la manutención de un hijo y gastan gran parte de su tiempo enojándose y quejándose.

Muchos de ellos dejan sus trabajos como excusa para no cumplir con sus tareas paternales.

> El matrimonio es una proposición al cien/cien. Cada cónyuge es 100 por ciento la causa de casarse con el otro en su vida. Cada individuo en el matrimonio tomó su decisión. Por tanto, cada uno es 100 por ciento responsable de hacer que funcione.

La irresponsabilidad es un rasgo de la humanidad, según el apóstol Pedro en 2 Pedro 2:9–22. Esto es especialmente cierto de los maridos. Las esposas por lo general se ven forzadas a asumir el papel de liderazgo tanto en el matrimonio como en la sociedad en general porque los hombres han abdicado sus legítimas responsabilidades.

En la actualidad, muchos se alejan del matrimonio, el compromiso y la responsabilidad viviendo simplemente juntos de forma extramatrimonial. Según las encuestas del año 2000, el 37 por ciento de las parejas heterosexuales que viven juntas en América no están casadas y el 49 por ciento de los bebés nacidos en América son ilegítimos.

## ¿Quién es el responsable de su matrimonio?

A estas alturas, debería conocer la respuesta a esta pregunta. La gente a menudo dice que el matrimonio es una proposición al cincuenta/cincuenta. No lo es. El matrimonio es una proposición al cien/cien. Cada cónyuge es 100 por ciento la causa de casarse con el otro en su vida. Cada individuo en el matrimonio tomó su decisión. Por tanto, cada uno es 100 por ciento responsable de hacer que funcione.

Cuando estemos delante de Dios, no podremos decir: "Pequé porque mi cónyuge hizo esto o lo otro. Si él/ella no lo hubiera hecho, yo no habría hecho lo que hice". Dios le pedirá cuentas a usted, como hizo con Adán y Eva. Usted es responsable de su matrimonio, y también de su divorcio, si es que alguna vez se produce.

# Cuanto más responsable sea, más maduro será, y viceversa

A medida que un hijo madura, va asumiendo cada vez más responsabilidades. Primero, aprende a manejar sus necesidades de higiene personal, y a vestirse y alimentarse solo. Después asume la responsabilidad de ir a la escuela. Más adelante, comienza a trabajar y ganar dinero para sus necesidades personales. Después, puede ayudar con la economía de la casa. Según va madurando más, asume la responsabilidad de una esposa y luego hijos. Algunas personas maduran aún más y asumen la responsabilidad de cuidar de más miembros de su familia, o de personas fuera de su familia. Otros asumen la responsabilidad de sus comunidades. Algunos trabajan como alcaldes de su ciudad o gobernadores de su estado. Unos pocos terminan siendo el Presidente de su país. En el cuerpo de Cristo, algunos miembros asumen la responsabilidad de ser diácono, anciano, apóstol, profeta, evangelista, pastor o maestro.

## La responsabilidad de Dios

Dios es la persona más responsable de todo el universo. Él es, de forma inequívoca, quien creó el mundo y todo lo que hay en él. Por lo tanto, asumió una responsabilidad total por ello y murió en la cruz para llevarnos de nuevo al huerto del Edén, para devolver todo lo que Adán y Eva perdieron cuando pecaron. Dios está llevándonos de nuevo al huerto del Edén. (Véase Joel 2:3). Él prometió darle la estrella de la mañana si se pone en pie, asume la responsabilidad ¡y vence! *"Al que venciere y guardare mis obras hasta el fin, yo le daré autoridad sobre las naciones…y le daré la estrella de la mañana"* (Apocalipsis 2:26, 28).

## Resumen

Los perdedores juegan al juego de ser víctima y nunca asumen la responsabilidad de su vida. Hacen responsables a otros de su propia felicidad y seguridad. Los dioses nunca pierden; por lo tanto, cuando algo sale mal, afirman que no es culpa de ellos. Pero si algo sale bien, se atribuyen todo el mérito. Sin embargo, usted no es una víctima de nadie ni de las circunstancias. Usted ha puesto cosas en movimiento. Otra palabra para "crear" es "causa". Usted es la causa de casi todo lo que le ha ocurrido en la vida. Usted causó la profesión que tiene, la iglesia a la que va, y el cónyuge que tiene. Usted dijo: "Sí, quiero".

Cosechamos lo que sembramos.

# 6

# ESPOSAS, ¿SOMÉTANSE A QUIÉN?

### ¿Era el apóstol Pablo un varón machista?

El apóstol Pablo nunca se casó, pero reconoció que el matrimonio era una de las pruebas y campos de entrenamiento más importantes que Dios ideó jamás. Lo que escribió acerca de la relación ideal de matrimonio tenía la intención de contrarrestar los efectos negativos y devastadores de lo que Adán y Eva hicieron cuando se rebelaron contra Dios.

¿Era Pablo un varón machista e intolerante cuando dijo: *"Las casadas estén sujetas a sus propios maridos, como al Señor"* (Efesios 5:22)? Este pasaje es uno de los mandamientos menos entendidos, más ignorados y despreciados en la Biblia. Muchos pastores evitan enseñar sobre este asunto por temor a incitar a las mujeres de la iglesia y acumular ridiculez sobre sí mismos. La mayoría cree que es mejor "dejar las cosas tranquilas". A fin de cuentas, razonan ellos, algunas mujeres podrían sublevarse y algunas incluso irse si los líderes de la iglesia insisten en una estricta adherencia a este ridículo pasaje bíblico.

La instrucción de Pablo provoca muchas preguntas importantes. ¿Son las mujeres inferiores a los hombres? ¿Está metiéndose con las esposas? ¿Están los hombres intentando abusar de sus esposas y forzándolas a obedecer? ¿Cuál es el propósito de esta enseñanza? ¿Qué hay de la igualdad de género y los derechos constitucionales? Para encontrar respuestas a estas preguntas, veamos otro pasaje bíblico.

## "El Padre mayor es que yo"

Jesús enfatizó que su Padre era mayor que Él: *"De cierto, de cierto os digo: El siervo no es mayor que su señor, **ni el enviado es mayor que el que le envió**"* (Juan 13:16). *"Habéis oído que yo os he dicho: Voy, y vengo a vosotros. Si me amarais, os habríais regocijado, porque he dicho que voy al Padre; **porque el Padre mayor es que yo**"* (Juan 14:28). ¿Por qué enfatiza esto? Algunos afirman que demuestra que Jesús era solo un hombre y no Dios, porque admitió que el Padre era mayor que Él.

Esto contradeciría claramente lo que escribió el apóstol Pablo:

> *Haya, pues, en vosotros este sentir que hubo también en Cristo Jesús, el cual, siendo en forma de Dios, no estimó el ser igual a Dios como cosa a que aferrarse, sino que se despojó a sí mismo, tomando forma de siervo, hecho semejante a los hombres; y estando en la condición de hombre, se humilló a sí mismo, haciéndose obediente hasta la muerte, y muerte de cruz. Por lo cual Dios también le exaltó hasta lo sumo, y le dio un nombre que es sobre todo nombre, para que en el nombre de Jesús se doble toda rodilla de los que están en los cielos, y en la tierra, y debajo de la tierra; y toda lengua confiese que Jesucristo es el Señor, para gloria de Dios Padre.* (Filipenses 2:5–11)

¿Por qué le daría Dios Padre a Jesús un nombre sobre todo nombre, incluido el nombre del Padre? ¿Por qué diría Dios que toda rodilla se doblará en el nombre de Jesús, incluidas las de los que están en el cielo? ¿Incluye esto al Padre y al Espíritu Santo?

La respuesta se encuentra en la misma naturaleza y carácter de Dios: humildad, sumisión, obediencia y amor. Jesús nunca pudo decir: "Yo soy mayor que el Padre en el cielo y el Espíritu Santo". Ni tampoco el Padre podría anunciar que era mayor que el Hijo y el Espíritu Santo, y viceversa. Tal concepto estaría completamente fuera del carácter de Dios.

Cuando Jesús obedeció al Padre, murió en la cruz, resucitó de los muertos y regresó al cielo, el Padre le dio al Hijo un nombre que es sobre todo nombre. El Padre y el Espíritu Santo no podían hacer menos. No podían decir: "Yo soy mayor que Jesús". En verdad, ellos eran uno, y la plenitud de la Deidad, Padre, Hijo y Espíritu Santo, se personificaron en el Señor Jesucristo. *"Porque en él habita corporalmente toda la plenitud de la Deidad"* (Colosenses 2:9).

Además de la humildad, la naturaleza propia de Dios es amor. *"El que no ama, no ha conocido a Dios; porque Dios es amor"* (1 Juan 4:8). *"Y nosotros hemos conocido y creído el amor que Dios tiene para con nosotros. Dios es amor; y el que permanece en amor, permanece en Dios, y Dios en él"* (versículo 16). La medida de nuestro amor por Dios está determinada por el nivel de humildad, sumisión y obediencia que tengamos hacia sus mandamientos y sus palabras.

Si usted ama profundamente a alguien, nunca diría: "Yo soy mejor que él o ella". Siempre diría: "Ella o él es mejor que yo. Ella o él es tremendo".

Jesús vino para hacer la voluntad del Padre como siervo del Padre. Cuando estaba en la carne, el Señor dijo: *"El discípulo no es más que su maestro, ni el siervo más que su señor. Bástale al discípulo ser como su maestro, y al siervo como su señor"* (Mateo 10:24–25). Cuando terminó su tarea en la tierra y regresó al cielo, Jesús pensó que eso no le robó el ser igual a Dios. Era y es Dios. Siempre lo ha sido y siempre lo será.

## La prueba de Dios para el amor es la obediencia

Los cristianos aman a Dios, y siempre estamos proclamando nuestro amor por Él en canciones, poemas y literatura, pero ¿hasta qué punto realmente le amamos? Muchos se arrodillan y lloran mientras cantan y alaban al Señor. Algunos no son tan verbales o expresivos pero se dedican a ayudar a la iglesia local, a donar sus diezmos y ofrendas fielmente, y a sacrificar tiempo y dinero para servir a otros. Todas estas cosas son expresiones de amor, pero ¿cuál es la prueba de Dios para el amor?

> Dios busca a los que deciden caminar en humildad y sumisión porque sus corazones son contritos. Uno puede fingir humildad pero seguir siendo arrogante de corazón.

La mayoría de los cristianos ya conocen la respuesta a esta pregunta porque está en la Biblia. El Señor Jesús dijo: *"Si me amáis, guardad mis mandamientos"* (Juan 14:15). Del mismo modo, dijo: *"El que me ama, mi palabra guardará"* (versículo 23). Esa es la norma y la prueba de Dios, mediante la cual se mide nuestro amor por Él.

Pero la obediencia a los mandamientos de Dios no es el único requisito. Uno puede obedecer por miedo o deseo de evitar la crítica y seguir teniendo un corazón orgulloso y rebelde. Uno puede sacrificar mucho pero hacerlo con un deseo de reconocimiento. Uno puede obedecer y a la vez no tener un corazón de obediencia. La verdadera obediencia viene de un corazón de humildad y sumisión.

Las personas a menudo obedecen las normas de tráfico porque tienen miedo a poder ser detenidos y tener que pagar una multa. Pero si pueden esquivar el castigo, decidirán desobedecer. A las tres de la mañana, cuando nadie está viendo, es más probable que los conductores se salten los semáforos en rojo y las señales de stop o viajen a treinta kilómetros por encima de la velocidad límite permitida.

Los niños frecuentemente obedecen a sus padres reticentemente por miedo a ser castigados. Uno puede obedecer por motivos egoístas.

Dios busca a los que deciden caminar en humildad y sumisión porque sus corazones son contritos. Uno puede fingir humildad pero seguir siendo arrogante de corazón.

## El Señor Jesús es humilde, sumiso y obediente

Jesús se describió a sí mismo como manso y humilde de corazón. *"Llevad mi yugo sobre vosotros, y aprended de mí, que soy manso y humilde de corazón; y hallaréis descanso para vuestras almas"* (Mateo 11:29). *"Aprended de mí"*, "sean como yo", "sean mansos y humildes de corazón como yo"; este es el llamado de cada cristiano.

El Señor Jesús es el Creador del mundo y Señor de todo, pero se humilló a sí mismo tomando forma de siervo o esclavo. Pocos son inferiores a un esclavo. *"En el principio era el Verbo, y el Verbo era con Dios, y el Verbo era Dios. Este era en el principio con Dios. Todas las cosas por él fueron hechas, y sin él nada de lo que ha sido hecho, fue hecho"* (Juan 1:1–3). *"En el mundo estaba, y el mundo por él fue hecho; pero el mundo no le conoció"* (versículo 10). *"Y de aclarar a todos cuál sea la dispensación del misterio escondido desde los siglos en Dios, que creó todas las cosas"* (Efesios 3:9).

> *Porque en él fueron creadas todas las cosas, las que hay en los cielos y las que hay en la tierra, visibles e invisibles; sean tronos, sean dominios, sean principados, sean potestades; todo fue creado por medio de él y para él. Y él es antes de todas las cosas, y todas las cosas en él subsisten; y él es la cabeza del cuerpo que es la iglesia, él que es el principio, el primogénito de entre los muertos, para que en todo tenga la preeminencia.* (Colosenses 1:16–19)

El Señor Jesús creó el mundo y todo lo que en él hay, pero vino a servir a su creación. Dios mora con el humilde y contrito de espíritu.

> *Porque así dijo el Alto y Sublime, el que habita la eternidad, y cuyo nombre es el Santo: Yo habito en la altura y la santidad, y con el quebrantado y humilde de espíritu, para hacer vivir el espíritu de los humildes, y para vivificar el corazón de los quebrantados.* (Isaías 57:15)

La palabra *"contrito"* a menudo se define como "quebrantado, hecho añicos". Se refiere a ser roto, rebajado y sometido. Mejor caer sobre Jesús, la piedra angular de la iglesia, que el hecho de que la roca caiga sobre usted y le desmenuce. *"Y el que cayere sobre esta piedra será quebrantado; y sobre quien ella cayere, le desmenuzará"* (Mateo 21:44; véase también Lucas 20:18). Todos los santos son llamados a ser humildes, sumisos y obedientes, al igual que Dios.

## Un corazón de obediencia llevó a Jesús a morir en la cruz

Aunque Jesús amaba al mundo, fue su humildad, sumisión y obediencia al Padre lo que le llevó a sufrir y morir en la cruz por los pecados del mundo. Justo antes de ser arrestado, juzgado y crucificado, el Señor Jesús estuvo en el huerto de Getsemaní con sus discípulos.

> *Entonces Jesús les dijo: Mi alma está muy triste, hasta la muerte; quedaos aquí, y velad conmigo. Yendo un poco adelante, se postró sobre su rostro, orando y diciendo: Padre mío, si es posible, pase de mí esta copa; **pero no sea como yo quiero, sino como tú**. Vino luego a sus discípulos, y los halló durmiendo, y dijo a Pedro: ¿Así que no habéis podido velar conmigo una hora? Velad y orad, para que no entréis en tentación; el espíritu a la verdad está dispuesto, pero la carne es débil. Otra vez fue, y oró por segunda vez, diciendo: Padre mío, si no puede pasar de mí esta copa sin que yo la beba, **hágase tu voluntad**. Vino otra vez y los halló durmiendo, porque los ojos de ellos estaban cargados de sueño. Y dejándolos, se fue de nuevo, y oró por tercera vez, diciendo las mismas palabras.* (Mateo 26:38–44)

Mientras nuestro Señor Jesús estaba orando, su sudor le caía en forma de grandes gotas de sangre que caían al suelo. (Véase Lucas 22:44). Estaba bajo un gran estrés. Sabía el increíble dolor que recibiría en su cuerpo y su mente, y la humillación y vergüenza a las que sería sometido si iba a la cruz. Le preguntó al Padre: "¿Hay alguna otra manera?". El Padre respondió directamente a su espíritu: "No, Hijo, no hay otra manera".

Una vez que el Señor decidió que era la voluntad del Padre, se puso en pie y les dijo a sus discípulos: *"Levantaos, vamos; he aquí, se acerca el que me entrega"* (Marcos 14:42). Él escogió obedecer la voluntad del Padre por encima de todo. Es la naturaleza de Dios. Su sumisión y obediencia llevó a nuestro Señor a morir en la cruz.

El amor es su naturaleza y el fruto del Espíritu. (Véase Gálatas 5:22–23). El Señor Jesús no tenía intención de desobedecer al Padre del cielo; tan solo estaba confirmando la voluntad del Padre.

Dios desea que todos los cristianos sean como Cristo en su sumisión y obediencia hacia los que Dios señaló para estar por encima de ellos en autoridad. Un corazón de sumisión y obediencia obedecerá a toda autoridad, incluyendo las autoridades civiles, a menos que la autoridad sea contraria a la Palabra de Dios. (Véase 1 Pedro 2:13–15).

> El amor y la sumisión no se pueden separar. La humildad, sumisión y obediencia son para todos los cristianos, no solo para las esposas.

Cuando los cristianos violan las leyes humanas y se convierten en malhechores, produce vergüenza al Señor y a su pueblo a ojos de los necios o incrédulos. Por eso, sométase a las leyes humanas por causa de la conciencia hacia Dios. En este punto usted sabe que el amor y la sumisión no se pueden separar. La humildad, sumisión y obediencia son para todos los cristianos, no solo para las esposas.

## Es el deseo de Dios

El apóstol Pablo sabía algo cuando dijo: *"Las casadas estén sujetas a sus propios maridos, como al Señor"* (Efesios 5:22). Él no era un cerdo machista. Entendió que Dios creó los cielos, la tierra y la humanidad con dos deseos en su corazón. Primero, Dios quiere hijos e hijas conformados a la imagen de su Hijo, Jesús, perfecto en amor y obediencia (véase Romanos 8:29; Efesios 4:11–15). Segundo, Él también quiere que una iglesia perfecta se convierta en la novia de Cristo (véase Apocalipsis 19:7–9; 21:2;

22:17). Como escribe Pablo: *"a fin de presentársela a sí mismo, una iglesia gloriosa, que no tuviese mancha ni arruga ni cosa semejante, sino que fuese santa y sin mancha"* (Efesios 5:27). Esos son los deseos, planes y propósitos de Dios para la humanidad, desde antes de crear el mundo.

Así pues, ¿qué tiene que ver con ello el someterse a su esposo? Casi todo.

## No importa lo que haga la otra persona

Humildad, sumisión y obediencia son asuntos del corazón. Como dije antes, uno puede actuar con humildad y a la vez ser orgulloso o someterse exteriormente, y a la vez interiormente promoverse a sí mismo, y ser desobediente y rebelde.

El apóstol Pablo nos enseñó lo siguiente:

*Por causa del Señor someteos a toda institución humana, ya sea al rey, como a superior, ya a los gobernadores, como por él enviados para castigo de los malhechores y alabanza de los que hacen bien. **Porque esta es la voluntad de Dios:** que haciendo bien, hagáis callar la ignorancia de los hombres insensatos; como libres, pero no como los que tienen la libertad como pretexto para hacer lo malo, sino como siervos de Dios. Honrad a todos. Amad a los hermanos. Temed a Dios. Honrad al rey. Criados, estad sujetos con todo respeto a vuestros amos; **no solamente a los buenos y afables, sino también a los difíciles de soportar.** Porque esto merece aprobación, si alguno a causa de la conciencia delante de Dios, sufre molestias padeciendo injustamente. **Pues ¿qué gloria es, si pecando sois abofeteados, y lo soportáis? Mas si haciendo lo bueno sufrís, y lo soportáis,** esto ciertamente es aprobado delante de Dios. Pues para esto fuisteis llamados; porque también Cristo padeció por nosotros, dejándonos ejemplo, para que sigáis sus pisadas.* (1 Pedro 2:13–21)

El apóstol Pedro pasó a describir cómo nuestro Señor Jesús sufrió por nosotros, pero sin pecar. Es importante entender lo que está diciendo Pedro.

1. *Obedezca todas las leyes humanas por causa del Señor.* Es el Señor quien pone reyes, gobernantes y otros mandatarios para castigar a los que hacen el mal y alabar a los que hacen el bien. Cuando hay dictadores y gobernantes malos, la voluntad de Dios es que tengamos un corazón obediente. Es la voluntad de Dios que usted obedezca y sea reconocido por su bien hacer para silenciar la ignorancia de hombres necios que están ansiosos de encontrar faltas en los cristianos.

Los cristianos avergüenzan al Señor cuando rompen voluntariamente las leyes de los hombres y son castigados por las autoridades civiles. También avergonzamos al Señor cuando desobedecemos sus mandamientos respecto a la relación entre marido y esposa, especialmente cuando nuestros índices de divorcio casi igualan a los del mundo. Por supuesto, cuando las leyes de los hombres son contrarias a las leyes de Dios, es mejor obedecer a Dios. (Véase Hechos 4:19). *"Es necesario obedecer a Dios antes que a los hombres"* (Hechos 5:29).

2. *Use su libertad en Cristo para honrar a todos los hombres, ame la confraternidad de cristianos en el temor de Dios y honre a los que le gobiernan.* No use su libertad para enseñorearse orgullosa y maliciosamente de otros como alguien que es superior a ellos. Es Dios quien decide si usted y yo iremos al cielo o al infierno. Muchos que pensaban que estaban haciendo bien como cristianos han terminado en el infierno. Por lo tanto, tema a Dios y obedézcale.

3. *Los siervos deben someterse a sus amos con todo temor (de Dios), no solo a los buenos y amables, sino también a los malvados, autoritarios, desagradables y maliciosos, incluidos los esposos.* Es la manera de Dios, así que hágalo por su conciencia hacia Dios, porque el Señor lo manda. Si es necesario, soporte el dolor y el sufrimiento injusto para honrar a Dios. Tenga fe en Dios.

El libro *Lilies Amongst Thorns* describe la historia real de prisioneros chinos cristianos en campos de concentración que fueron respetados y queridos por sus guardas y custodios porque fueron honestos, diligentes y obedientes. No dieron problemas a sus autoridades y trabajaron mucho sin quejarse. Dieron honor a Jesucristo, y mediante su ejemplo, se convirtieron muchos compañeros de prisión e incluso guardias.[4]

4. Pedro dijo que no hay gloria si usted es castigado por sus faltas y lo soporta pacientemente. A fin de cuentas, está justificado y es natural que un amo castigue a sus siervos si hacen las cosas mal. *La gloria es cuando usted hace bien y aun así es injustamente criticado y castigado, sufriendo por ello y soportándolo pacientemente.* Es aceptable a Dios y para mérito y gloria de usted.

5. *El Señor Jesucristo sufrió por nosotros, aunque era perfecto en amor y obediencia, para que pudiéramos seguir sus pisadas.* Esto habla de cómo y porqué deberíamos someternos a nuestras autoridades, tanto buenas como malas. Del mismo modo, las esposas deben someterse a sus maridos. No hay gloria si uno se somete solo cuando su autoridad es amable y justa. La gloria surge cuando uno se somete a una autoridad que le trata mal.

Pedro continúa como sigue:

*Asimismo vosotras, mujeres, estad sujetas a vuestros maridos; para que también los que no creen a la palabra, sean ganados sin palabra por la conducta de sus esposas, considerando vuestra conducta casta y respetuosa. Vuestro atavío no sea el externo de peinados ostentosos, de adornos de oro o de vestidos lujosos, sino el interno, el del corazón, en el incorruptible ornato de un espíritu afable y apacible, que es de grande estima delante de Dios. Porque así también se ataviaban en otro tiempo aquellas santas mujeres que esperaban en Dios, estando sujetas a sus maridos.* (1 Pedro 3:1–5)

La sumisión y obediencia que una esposa da a su marido no están basadas en lo bien que le trata su esposo. Deberían estar basadas en la conciencia hacia Dios, en reverencia y temor de Él, porque Él lo manda. Las buenas respuestas de una esposa sumisa y obediente que escoge obedecer los mandatos de Dios por encima de lo que le dicta su carne e instintos mundanos pueden cambiar a su esposo para bien y convertirle

---

4. Hermano Dennis Danyun, *Lilies Amongst Thorns* (Lancaster, UK: Sovereign World, 1993).

en un creyente en Jesucristo. No es el adorno externo de un hermoso peinado, joyería o vestidos lo que ganarán a un esposo para Dios; es la persona interna del corazón: mansa, calmada y pacífica, lo que tiene el favor de Dios.

## Santifique a su esposo

Si su esposo no es creyente en Jesucristo, la familia es, sin lugar a duda, santificada por la fe de usted. Primera de Corintios 7:14: *"Porque el marido incrédulo es santificado en la mujer, y la mujer incrédula en el marido; pues de otra manera vuestros hijos serían inmundos, mientras que ahora son santos"*. A través de la fidelidad de una esposa a la Palabra de Dios, incluyendo su deseo de someterse a su esposo, él puede ser ganado y convertirse en creyente. Dios bendecirá esa casa y matrimonio porque es santo y limpio ante sus ojos.

> Dios quiere que las esposas aprendan a amar a través de humildad, sumisión y obediencia hacia sus esposos. Al hacerlo, reconocen y obedecen la ley de Dios, y están de acuerdo con el plan de Dios y su propósito para sus vidas.

Dios quiere que las esposas aprendan a amar a través de humildad, sumisión y obediencia hacia sus esposos. Al hacerlo, reconocen y obedecen la ley de Dios, y están de acuerdo con el plan de Dios y su propósito para sus vidas. Dios quiere que las esposas sean conformadas a la imagen de su Hijo Jesús. La obediencia y la sumisión son pruebas y sufrimientos que todos los cristianos deben soportar para ser perfeccionados en Jesucristo. Sus recompensas están en el cielo.

El señorío de un esposo es una de las cosas más difíciles con las que estar de acuerdo. *"Porque el marido es cabeza de la mujer, así como Cristo es cabeza de la iglesia, la cual es su cuerpo, y él es su Salvador"* (Efesios 5:23). Ese es el método de Dios de entrenar a las esposas para ser como

Cristo. Y en el proceso de ser como Cristo, las madres y esposas enseñan a sus hijos y esposos a ser conformados a la imagen de Jesucristo.

## Nuestros hogares como el campo de entrenamiento de Dios

Las madres tienen la tarea de enseñar a sus hijos amor mediante la obediencia. El mayor modelo e influencia sobre un niño es su madre. Los niños aprenden observando a sus padres relacionarse el uno con el otro. Tanto niños como niñas aprenden sumisión y amor observando a mamá y papá. ¿Puede un niño aprender amor y obediencia de una madre que es la jefa de la casa, que constantemente les dice a sus hijos lo estúpido que es su padre, y quien critica al esposo señalando sus errores todo el tiempo? No. ¿Pueden los niños aprender amor de un padre que reprende a su madre todo el tiempo y es indiferente, polémico, irresponsable, enojado y poco perdonador? No. Los niños copian a su madre y a su padre.

Someterse a su esposo no significa permitir que él la pisotee. Significa verlo como alguien que tiene la autoridad de Dios viviendo en él. La obediencia a él reconoce esa autoridad, ya sea que él ejerza bien o no esa autoridad. Reconoce que Dios nombró al esposo la cabeza espiritual de la familia, al igual que Cristo es la cabeza de la iglesia. Todos están bajo cierto tipo de autoridad, incluido el esposo.

Discutir o contender no es necesariamente un pecado, mientras la rebelión no sea el espíritu o motivo subyacente. A veces, hay que razonar algo, y el razonar algo no es siempre sereno. Pero al final, el esposo tiene la responsabilidad de tomar en cuenta lo que su esposa está diciendo antes de tomar la decisión final. Cuando el esposo toma la decisión, la esposa debería someterse a ella. Pero recuerden, esposos, que ustedes son responsables del resultado.

Dios no ve a las mujeres como menores que los hombres. Simplemente tienen diferentes roles que desempeñar. Son coherederas del reino. Andan por un camino diferente hacia la misma meta: perfección en Jesucristo. Un camino es mediante sumisión y obediencia; el otro es mediante el amor. Alcanzar la meta de la perfección requiere ambos caminos.

Un hermano cristiano oró por esto y Dios le dio una visión de dos tazas. Una era una taza gruesa y áspera de cerámica, como la que se vería en una cafetería. La otra taza era una fina pieza de porcelana, delgada, delicada y elegante. Dios le preguntó: "¿Qué taza es el vaso más fuerte?". El hermano respondió: "La taza gruesa". Dios le preguntó: "¿Cuál es la más débil?".

> Dios no ve a las mujeres como menores que los hombres. Simplemente tienen diferentes roles que desempeñar. Son coherederas del reino. Andan por un camino diferente hacia la misma meta: perfección en Jesucristo.

Ya conoce la respuesta. Esto no es lo mismo que decir que una de las tazas es mejor que la otra. Ambas tazas tienen utilidad en diferentes momentos. No usaríamos la porcelana para servir a camioneros en una zona de descanso; tampoco usaríamos una gruesa taza en una fiesta en un jardín. Ambas tienen fortalezas y usos únicos.

## La iglesia como el campo de entrenamiento de Dios

Otro de los campos de entrenamiento de Dios es la iglesia. El apóstol Pablo instruyó a los santos a no permitir que las esposas enseñen a los hombres en la iglesia. *"Porque no permito a la mujer enseñar, ni ejercer dominio sobre el hombre, sino estar en silencio"* (1 Timoteo 2:12). ¿Por qué dijo eso Pablo? ¿Es porque los hombres son más inteligentes que las mujeres? Este es otro pasaje difícil de la Biblia que la mayoría de los pastores evitan.

Yo creo que en parte es porque los hijos aprenden carácter, sumisión y amor también en la iglesia. Si las mujeres liderasen sobre los hombres en la iglesia, parecería confuso y contradictorio para ellos. Por un lado, las esposas deben someterse a sus esposos en casa; por otro lado, los hombres se someten a sus esposas en la iglesia. Es contradictorio e incoherente.

Debemos adherirnos a la norma de Dios para la perfección en Cristo en la iglesia. No es que los hombres sean superiores a las mujeres; es el orden del reino de Dios. En el reino de Satanás, las mujeres gobiernan; según mi propia experiencia, la mayoría de las brujas, con un índice de más de diez a uno, son mujeres. La iglesia necesita reflexionar claramente en el orden del reino de Dios en el que los hombres sostienen la autoridad.

Incluso ahora, hay una particular falta de sumisión, obediencia y lealtad entre la iglesia y el Señor. Si la relación entre esposas y esposos es igual que la actual relación entre la iglesia y Cristo, puede que estemos fallando miserablemente. Una iglesia que no se somete y obedece será una iglesia en la que los divorcios se producirán más frecuentemente. Las instituciones tanto de la iglesia como del matrimonio están diseñadas para reflejar el orden del reino de Dios y sus propósitos, y ambas están íntimamente relacionadas. Cuando una sufre de falta de obediencia, la otra probablemente también sufrirá.

## Las escuelas como el campo de entrenamiento de Dios

Un tercer campo de entrenamiento es la escuela. Cuando el reino de Satanás reina, las mujeres se convierten en líderes y los hombres en bufones. Eso es lo que está ocurriendo en muchas de nuestras escuelas públicas hoy día, incluyendo las universidades. Las mujeres se están convirtiendo en los líderes por encima de los hombres. Hay más estudiantes de medicina mujeres que hombres ahora mismo. Cuando fui a la escuela de derecho, los hombres sobrepasaban a las mujeres en un porcentaje de veinte a uno. Hoy día, hay más estudiantes de derecho hembras que varones. Los clubes de lesbianas y gays abundan en las universidades. Me quedé impactado cuando visité mi alma mater. No se trata solo de igualdad de géneros y de los derechos de las mujeres, sino que es una batalla espiritual de los reinos, y Satanás está ganando. No quiero decir con esto que las mujeres no puedan ser médicos o abogados. Hay mujeres médicos y abogados humildes y buenas. Sin embargo, las mujeres a menudo usan carreras poderosas para abusar de las funciones que Dios les ha dado.

Por eso Satanás ataca nuestros matrimonios, iglesias y escuelas de forma tan vehemente. Él quiere poner a las mujeres al mando de prácticamente todo. Su objetivo es destruir el cristianismo y gobernar el mundo. Todo comenzó en el jardín del Edén cuando Eva no obedeció los principios de Dios respecto al matrimonio y la línea de autoridad. Ella asumió el control y tomó una decisión que ha afectado a la humanidad desde entonces.

Humildad, sumisión y obediencia están entre las cosas más difíciles de aprender en la vida. Son rasgos que reflejan el carácter y la naturaleza de Dios; van en contra de la tendencia natural de la mente y la carne del hombre carnal. Por eso el apóstol Pablo insistió en que las esposas debían someterse a sus maridos en todas las cosas, como al Señor. Humildad, sumisión y obediencia son asuntos del corazón. Usted no puede avanzar hasta la perfección en Jesucristo sin una verdadera sumisión y obediencia.

## Un corazón de humildad, sumisión y obediencia

El asunto principal *no* es si las esposas deben someterse y obedecer a sus maridos. El asunto principal es la sumisión a la autoridad de Dios. Todos los cristianos deben obedecer a las autoridades.

*Casadas, estad sujetas a vuestros maridos, como conviene en el Señor. Maridos, amad a vuestras mujeres, y no seáis ásperos con ellas. Hijos, obedeced a vuestros padres en todo, porque esto agrada al Señor. Padres, no exasperéis a vuestros hijos, para que no se desalienten. Siervos, obedeced en todo a vuestros amos terrenales, no sirviendo al ojo, como los que quieren agradar a los hombres, sino con corazón sincero, temiendo a Dios. Y todo lo que hagáis, hacedlo de corazón, como para el Señor y no para los hombres; sabiendo que del Señor recibiréis la recompensa de la herencia, porque a Cristo el Señor servís. Mas el que hace injusticia, recibirá la injusticia que hiciere, porque no hay acepción de personas.* (Colosenses 3:18–25)

Como dijo Watchman Nee: "Dios establece al esposo como la autoridad sustituta de Cristo, y a la esposa como la representación de la iglesia. A menos que la esposa vea la autoridad que representa el esposo, la autoridad que Dios ha establecido, es difícil que se someta. Ella tiene que ver que no se trata de su esposo sino que se trata de la autoridad de Dios".[5] En otras palabras, los maridos representan a Cristo como la cabeza, y las esposas representan a la iglesia en sumisión y obediencia.

Todos los cristianos, casados y solteros, jóvenes y ancianos, maridos y esposas, deben ser humildes, sumisos y obedientes a las autoridades que Dios ha puesto sobre ellos. Es la manera de Dios.

## Resumen

El apóstol Pablo no estaba siendo un hombre machista cuando enseñó que las esposas se sometan a sus maridos, como al Señor. El asunto no es quién es mayor: varón y hembra; más bien, el asunto es obediencia, amor y crecimiento a la imagen de Jesucristo. Dios mide el amor por la obediencia y la humildad. Se necesita humildad para someterse y obedecer. El Señor Jesús vino para obedecer al Padre. La obediencia le llevó a la cruz.

La obediencia es una decisión. Nuestros hijos aprenden sumisión, obediencia, humildad y amor principalmente en casa de la madre y del padre, en la iglesia y en la escuela. Una esposa que no se somete y un marido que no ama no pueden enseñar lo que no tienen. Nuestros matrimonios reflejan la condición espiritual de la iglesia. La iglesia se ha vuelto mundana, insumisa, desobediente y fría. Al final de esta era, la sumisión, la obediencia y el amor estarán en su mayor parte ausentes en nuestras iglesias y familias. *"Muchos tropezarán entonces, y se entregarán unos a otros, y unos a otros se aborrecerán. Y muchos falsos profetas se levantarán, y engañarán a muchos; y por haberse multiplicado la maldad, el amor de muchos se enfriará (Mateo 24:10–12).* Sin embargo, Dios tendrá su novia de Cristo.

---

5. Watchman Nee, *Authority and Submission* (Anaheim, CA: Living Stream Ministry, 1988), 59.

# 7

# MARIDOS, AMEN A SUS ESPOSAS

### Los maridos representan a Cristo; tengan cuidado

Maridos, Dios les nombró para representarle. Él les hizo cabeza de su hogar. Hay una cadena de mando que viene del trono de Dios a través de Cristo, y después a sus autoridades delegadas. Ustedes representan a Cristo en su familia. Así como Cristo amó a la iglesia y dio su vida por ella, ustedes deben gobernar su familia de la misma manera, como Cristo a la iglesia. Él es la cabeza de la iglesia. Él ama a la iglesia y murió por ella.

> Así también está escrito: Fue hecho el primer hombre Adán alma viviente; el postrer Adán, espíritu vivificante. (1 Corintios 15:45)

Hay una diferencia enorme entre el primer Adán y el último Adán. El primer Adán culpó rápidamente a su esposa y sugirió que Dios le matara a ella en vez de a él. Era un alma viviente que luchó por mantenerse vivo, incluso aunque significara que su esposa tuviera que morir en su lugar. El último Adán, Jesucristo, no tenía pecado en un mundo de pecadores. Aun así, Él murió por los pecados de todos para darnos vida. Dios ha llamado a los maridos a ser como el último Adán: nuestro Señor y Salvador.

Muchas esposas afirman que si sus esposos tan solo les mostraran más amor, sería más fácil para ellas someterse. Del mismo modo, muchos maridos culpan a sus obstinadas esposas de su propia incapacidad para amarles sacrificialmente. Ambas son excusas, justificaciones y defensas para desobedecer a Dios e ignorar sus mandatos.

El apóstol Pablo dijo esto de la responsabilidad de cada marido:

*Maridos, amad a vuestras mujeres, así como Cristo amó a la iglesia, y se entregó a sí mismo por ella ,para santificarla, habiéndola purificado en el lavamiento del agua por la palabra, a fin de presentársela a sí mismo, una iglesia gloriosa, que no tuviese mancha ni arruga ni cosa semejante, sino que fuese santa y sin mancha. Así también los maridos deben amar a sus mujeres como a sus mismos cuerpos. El que ama a su mujer, a sí mismo se ama. Porque nadie aborreció jamás a su propia carne, sino que la sustenta y la cuida, como también Cristo a la iglesia, porque somos miembros de su cuerpo, de su carne y de sus huesos. Por esto dejará el hombre a su padre y a su madre, y se unirá a su mujer, y los dos serán una sola carne. Grande es este misterio; mas yo digo esto respecto de Cristo y de la iglesia. Por lo demás, cada uno de vosotros ame también a su mujer como a sí mismo; y la mujer respete a su marido.* (Efesios 5:25–33)

No es una opción. La norma de amor que Dios espera de los maridos hacia sus esposas está clara: *"así como Cristo amó a la iglesia, y se entregó a sí mismo por ella"*.

Por causa de la iglesia, Jesús se humilló a sí mismo y *"se despojó a sí mismo, tomando forma de siervo, hecho semejante a los hombres; y estando en la condición de hombre, se humilló a sí mismo, haciéndose obediente hasta la muerte, y muerte de cruz"* (Filipenses 2:7–8). ¿Cómo es posible amar a su esposa con tal intensidad y determinación?

## La verdadera historia del Dr. Viktor Frankl

Esta es una conocida historia real de un psiquiatra judío llamado Dr. Viktor E. Frankl.

El Dr. Frankl vivía con su esposa, cuñado y tres hijos cuando los nazis alemanes barrieron Polonia, capturaron a la nación en setenta y dos horas, y arrestaron o mataron a todos los judíos que encontraron. A él le perdonaron la vida cuando sus raptores descubrieron que era un psiquiatra famoso y podría serles útil en los campos de concentración judíos. Por consiguiente, ministró en varios campos de muerte.

En el último campo que le asignaron, no obstante, no tuvo privilegio alguno y fue arrojado en unas barracas repletas de judíos medio muertos llenos de piojos y sufriendo malnutrición, disentería y otras enfermedades más. Todos luchaban por sobrevivir y veían a los demás en las barracas como enemigos. Cuando les daban la irrisoria y podrida comida, luchaban por ella como ratas. Los guardas por lo general golpeaban a los presos al azar para mantener a los demás en fila debido al temor. Las incesantes palizas, hambre, piojos, enfermedades y desesperanza habían convertido a los presos en animales.

Una mañana, le tocó al Dr. Frankl ser humillado. Los guardas le desnudaron, golpearon y arrojaron en una diminuta celda solitaria, fría y húmeda. Mientras yacía allí con un dolor increíble, se dio cuenta de varias realidades duras. Una, que no tenía control sobre su cuerpo físico. Los guardas nazis tenían el poder de hacerle lo que quisieran. No había alivio. El odio y el rencor brotaban en su interior. Pero en medio de su miseria, de repente se dio cuenta de algo que cambiaría su mundo, y también el mundo de los que le rodeaban. Se dio cuenta de que a pesar de todo lo que le hicieran a él y a su cuerpo, y por difíciles que fueran las circunstancias, había una cosa que nadie podría quitarle *jamás*: su capacidad de responder de la forma que él escogiera.

En ese momento, el Dr. Frankl tomó una decisión monumental: que a pesar de la privación, hambre y crueldad, él respondería a su situación con amor.

Cuando fue liberado de esa terrible celda, comenzó a sonreír y saludar a todos con amor. Ayudó a los enfermos y alimentó a los que estaban tan débiles que no podían alimentarse. Compartió su comida e incluso saludaba a los guardas. La gente comenzó a responder a su amor. Le devolvían la sonrisa, comenzaron a hablarse entre ellos de nuevo, y se unieron a él en el cuidado de los enfermos y desvalidos. Cambiaron de ser animales a ser de nuevo seres humanos. Incluso los guardas comenzaron a darle a escondidas comida extra, la cual él repartía a los demás prisioneros. Incluso cuando muchos prisioneros eran llevados a las cámaras de gas, los que se quedaban en las barracas lloraban por ellos y se consolaban unos a otros. Su amor era contagioso.

Finalmente, llegó el día en que las tropas aliadas liberaron los campos de la muerte. Comenzaron la tarea de recolocar a los antiguos presos. El Dr. Frankl fue un incansable trabajador y se ofreció voluntario para hablar con los exprisioneros, uno a uno, para ver de dónde eran y arreglar su regreso a casa. A menudo trabajaba quince horas al día. Los soldados aliados vieron que estaba muy sano, lleno de energía y animado, y comenzaron a sospechar que quizá fuera un espía de los nazis. Pero cuando preguntaban a los prisioneros en sus barracas, se sorprendían de oír los muchos informes de cómo el Dr. Frankl les había ayudado y había cuidado de ellos. Estuvo con ellos veinticuatro horas al día.

Cuando los trabajadores aliados preguntaron al Dr. Frankl cuál era su secreto, les contó su historia de cómo escogió el amor. Estos son algunos de los comentarios del Dr. Frankl:

> Al hombre se le puede arrebatar todo, salvo una cosa: la última de las libertades humanas, la elección de la actitud personal ante un conjunto de circunstancias para decidir su propio camino.[6]

6. Viktor E. Frankl, *Man's Search for Meaning* (New York: Simon & Schuster, Inc., 1984), 66.

Nuestra libertad más grande es la libertad de escoger nuestra actitud.

El amor es una decisión. Cada día, tomamos decisiones sobre cómo responder a la gente, circunstancias y el mundo que nos rodea. En el mundo hay odio, amargura, enojo, pobreza, violencia, asesinatos, matanzas y rechazo. ¿Cómo deberíamos responder? ¿Cómo debería responder una esposa a un marido caprichoso, mandón o indiferente? ¿Cómo debería responder un marido a una esposa molesta, manipuladora y rebelde?

Es su elección. Nadie puede quitarle su derecho a escoger cómo responder. Usted no es un robot mojigato sin ninguna opción.

> El amor es una decisión. Cada día, tomamos decisiones sobre cómo responder a la gente, circunstancias y el mundo que nos rodea.

Lo que ocurrió con el Dr. Frankl es válido también para el resto de la gente. Nadie puede quitarle su derecho a responder de la manera que usted escoja. Tienen toda la libertad en el Espíritu Santo para amarse el uno al otro.

Es un principio que siguieron todos los discípulos de Jesús. Es lo que todos los mártires de Dios entendieron y a lo que se aferraron. Tuvieron que tomar una decisión: renunciar a Jesús y vivir en este mundo o aferrarse a Jesús y perder la vida en la tierra. Ellos escogieron responder con amor por Cristo. Otros respondieron negando al Señor Jesús, como si no tuvieran otra opción que salvar sus vidas. *"Porque todo el que quiera salvar su vida, la perderá; y todo el que pierda su vida por causa de mí, la hallará"* (Mateo 16:25; véase también Mateo 10:39; Marcos 8:35; Lucas 17:33; Juan 12:25). Los mártires de Dios escogieron morir por causa del evangelio.

Al final del mundo, o de los tiempos, el mismo principio se aplicará a todos los cristianos. La bestia de Satanás requerirá que todo hombre, mujer y niño tenga la marca de la bestia o muera. (Véase Apocalipsis

13:16–18). Los que acepten la marca de la bestia irán al infierno. Apocalipsis 14:9–11 dice:

> *Y el tercer ángel los siguió, diciendo a gran voz: Si alguno adora a la bestia y a su imagen, y recibe la marca en su frente o en su mano, él también beberá del vino de la ira de Dios, que ha sido vaciado puro en el cáliz de su ira; y será atormentado con fuego y azufre delante de los santos ángeles y del Cordero; y el humo de su tormento sube por los siglos de los siglos. Y no tienen reposo de día ni de noche los que adoran a la bestia y a su imagen, ni nadie que reciba la marca de su nombre.*

No importa cuáles sean las circunstancias, y no importa cuánta presión haya que soportar, podemos responder como queramos. Tenemos decisiones, y vivimos en base a nuestras elecciones.

Tendremos que responder a los mismos desafíos y circunstancias que tuvo que afrontar el pueblo de Dios a través de los siglos. No importa cuáles sean las circunstancias, y no importa cuánta presión haya que soportar, podemos responder como queramos. Tenemos decisiones, y vivimos en base a nuestras elecciones. Tener fe en Dios o alejarse. Nadie puede quitarle ese derecho.

Las esposas pueden escoger someterse a sus esposos, y los esposos pueden escoger amar a sus esposas, sin importar qué.

## Cómo ama Dios

Hay cuatro tipos de amor en el lenguaje griego: *eros, fileo, storge* y *ágape. Eros* se refiere al tipo de amor romántico, sexual, especialmente entre varón y hembra. *Fileo,* o *filia,* es un amor entre amigos. *Storge* es amor entre miembros de la familia como una madre y su hijo, padre e hijo, y a veces, entre amigos muy cercanos. El tipo más alto de amor es el amor ágape: amor incondicional. *"Dios es amor"* (1 Juan 4:8, 16).

El amor ágape no tiene nada que ver con el romance, la amistad o la familia. Es un amor duradero que permanece toda la eternidad y está basado en acuerdos y promesas irrompibles. Es como Dios nos ama.

En Deuteronomio 7:6–9, Moisés habló del pueblo de Dios del siguiente modo:

> *Porque tú eres pueblo santo para Jehová tu Dios; Jehová tu Dios te ha* **escogido** *para serle un pueblo especial, más que todos los pueblos que están sobre la tierra. No por ser vosotros más que todos los pueblos os ha* **querido** *Jehová y os ha* **escogido***, pues vosotros erais el más insignificante de todos los pueblos; sino por cuanto Jehová os amó, y* **quiso guardar el juramento que juró a vuestros padres***, os ha sacado Jehová con mano poderosa, y os ha rescatado de servidumbre, de la mano de Faraón rey de Egipto. Conoce, pues, que Jehová tu Dios es Dios, Dios fiel,* **que guarda el pacto** *y la misericordia a los que le aman y guardan sus mandamientos, hasta mil generaciones.*

Dios escogió a Israel para que fuera su pueblo. No los amó porque eran poderosos, o fuertes, o atractivos en modo alguno. Les amó porque hizo un juramento y pacto con Abraham, que los descendientes de Abraham serían el pueblo de Dios y Dios les amaría como sus hijos. (Véase Génesis 17).

Una y otra vez, el pueblo hebreo menospreció sus pactos con Dios y, una y otra vez, Dios perdonó y protegió a los que le amaban. Él continúa amando a su pueblo que le ama y guarda sus mandamientos. Y con la misma gracia con que Él nos ama debemos nosotros también amarle. *"Por cuanto en mí ha puesto su amor, yo también lo libraré; le pondré en alto, por cuanto ha conocido mi nombre"* (Salmo 91:14)

Podemos poner nuestro amor sobre nuestro cónyuge, o escoger amarlo. El amor

> Antes incluso de nacer nosotros, Dios ya puso su amor sobre nosotros. El amor es una decisión que Dios tomó.

no es solo una respuesta. *"Nosotros le amamos a él, porque él nos amó primero"* (1 Juan 4:19). Antes incluso de nacer nosotros, Dios ya puso su amor sobre nosotros. El amor es una decisión que Dios tomó. Cuando Jesús fue a la cruz, su acuerdo de amarnos no se podía romper. Él amó incluso a los que le crucificaron.

Los seres humanos raras veces sabemos cómo amar. Prometen amarse y cuidarse el uno al otro, en la salud y en la enfermedad, en la riqueza o en la pobreza, en lo bueno o en lo malo, hasta que la muerte nos separe. Pero, como hemos dicho ya, casi el 50 por ciento de los matrimonios en América termina en divorcio, y el índice de divorcio entre los cristianos evangélicos no es mucho mejor.

## Decida amar

> Al Señor no le importa si una persona es delgada u obesa, alta o baja, hermosa o grotesca, inteligente o estúpida, encantadora o cascarrabias. Él ama a todos. Así los maridos deben amar a sus esposas.

Tomamos decisiones cada día. Aunque podamos pensar lo contrario, no estamos obligados a tomar las decisiones que tomamos. Podemos responder como queramos y nadie puede quitarnos ese privilegio.

El Dr. Frankl no estaba obligado a ser amargado, rencoroso y vengativo. No era un robot. Y lo mismo sucede con nosotros. Dios nos anima a cumplir nuestros acuerdos y promesas, como Él lo hace. No importa si su esposa es sumisa y obediente a usted o es terca, discutidora y desagradable. El mandato de Dios para usted sigue siendo que ame a su esposa. Cuando comparezca delante de Dios, no será excusado de su promesa porque su esposa era desobediente, rebelde o fea. O bien obedece el mandato de Dios de amar, o desobedece. Es su decisión.

Como mencioné antes, el apóstol Pedro dijo que si una esposa se somete y obedece a un marido maravilloso, ¿qué mérito tiene? Por el

Maridos, amen a sus esposas   107

contrario, si se somete y obedece a un marido áspero que no le trata bien, es para su gloria y agrada a Dios.

Del mismo modo, es fácil amar a alguien que es hermosa, encantadora y sumisa. No hay mucha gloria en ello. Amar a nuestras esposas es lo que Dios desea para todos los maridos. Jesucristo nos amó y se entregó a sí mismo por nosotros, incluso cuando estábamos en pecado. La obediencia fue lo que Él decidió. Al Señor no le importa si una persona es delgada u obesa, alta o baja, hermosa o grotesca, inteligente o estúpida, encantadora o cascarrabias. Él ama a todos. Así los maridos deben amar a sus esposas.

*"No os engañéis; Dios no puede ser burlado: pues todo lo que el hombre sembrare, eso también segará"* (Gálatas 6:7). Siembre amor con otros, especialmente su esposa y su familia, y cosechará grandes recompensas al final.

## Escoja lo bueno en lugar de lo malo

Cuando Jesús caminó por la tierra en la carne, escogió lo bueno en lugar de lo malo. *"Por tanto, el Señor mismo os dará señal: He aquí que la virgen concebirá, y dará a luz un hijo, y llamará su nombre Emanuel. Comerá mantequilla y miel, hasta que sepa desechar lo malo y escoger lo bueno"* (Isaías 7:14–15). El Señor Jesús tuvo que tomar decisiones cada día, como usted y yo. Él escogió lo bueno cada vez. Escogió obedecer al Padre del cielo, incluso cuando le llevó al sufrimiento y la muerte en la cruz.

Adán y Eva desearon el fruto prohibido del árbol del conocimiento del bien y del mal. Escogieron lo malo. Dios nos ha dado el derecho de escoger entre lo bueno y lo malo, la obediencia o la desobediencia, amor o rencor.

## Dios escogió a su esposa por usted

Una de las mayores comprensiones de mi vida fue que Dios me dio a mi esposa para amarla y cuidarla, sin importar qué. Todos los pensamientos de novias pasadas y las oportunidades de casarme con otras novias desaparecieron. Es la voluntad de Dios que esté casado con mi esposa, y no con otra, y que la ame. Todas las demás novias fueron rechazadas por Dios como mi esposa. La intención de Dios es que estemos juntos, en lo bueno y en lo malo, en la salud y en la enfermedad, en la riqueza y en la pobreza, para amarla y cuidarla, hasta que la muerte nos separe. Es algo que yo acordé.

Cuando me di cuenta de esto, todas las cosas que solían enojarme por lo que ella hacía o decía ya no tenían el mismo efecto. Las veía como retos y oportunidades para amar a mi esposa. Trabajábamos juntos en mi despacho de abogado, solo nosotros dos, durante cuarenta años. Manejábamos unas cincuenta y cinco llamadas cada día laboral. Además de nuestra práctica de abogacía, teníamos una firma de inmobiliaria, una compañía de cobros, un periódico bimensual, y una agencia de viajes. Durante los últimos veinticinco años, había servido como anciano y luego pastor principal de mi propia iglesia, y lo sigo haciendo hoy día.

Educamos a nuestros cuatro hijos y los pusimos a todos en la universidad. Dos de mis hijos se graduaron de la escuela de derecho. También criamos caballos de carreras durante más de diez años. Nos hicimos cristianos nacidos de nuevo juntos. (Yo era episcopal y bautista en mi juventud, y mi esposa era congregacionalista).

La gente se maravilla de que podamos estar juntos veinticuatro horas al día, siete días a la semana, salvo quizá unas cuantas veces al año cuando mi esposa asistía a alguna función de mujeres o se iba a cenar con amigas, y viceversa. Vamos juntos a todas partes, jugamos juntos al golf, y viajamos juntos, incluso en la actualidad. Durante los últimos veinticinco años, hemos viajado por todo el mundo, unos setenta y cinco u ochenta viajes en total. Ha sido una aventura increíble, y no hace falta que diga que somos más que mejores amigos.

Puedo decir honestamente que no hemos discutido en serio durante más de cuarenta años. Nuestras disputas son breves y suaves, y ocurren quizá unas cuantas veces al año. Son algo así:

"Te dije que archivaras ese documento".

"No lo hiciste".

"Estoy seguro de que sí".

"No, no lo hiciste. Ah, por cierto, Pablo nos invitó a cenar mañana por la noche".

"Ah, vale, ¿celebra algo?".

Es posible escoger no discutir por discutir.

## Sea una nueva criatura en Cristo

Mi esposa y yo no somos perfectos. Tan solo nos esforzamos mucho por obedecer a Dios. A veces fallamos, pero sabemos que no somos los mismos que al principio de casarnos. Como muchas otras parejas, tuvimos nuestros problemas en los primeros años, pero dimos un paso atrás, nos miramos honestamente, e hicimos el compromiso de cambiar nuestras actitudes. Yo acordé no trabajar después de las 6:00 de la tarde los días de diario y no trabajar los fines de semana a menos que tuviera un juicio cercano. También acordamos que mi esposa trabajara como mi secretaria, ya que los niños habían crecido lo suficiente. Acordamos buscar juntos a Dios.

Habíamos estado alejados de la iglesia los primeros ocho años de casados. Después de eso, buscamos al Señor diligentemente y le encontramos diez años después. En verdad, Él estuvo siempre con nosotros pero no lo sabíamos. Cuando regresamos a la iglesia, nuestras vidas cambiaron para siempre. Hemos servido al Señor Jesús durante más de treinta años, y Él nos ha servido desde antes de formar la tierra.

## Una carne

Ningún hombre odia a su propia carne. *"Así también los maridos deben amar a sus mujeres como a sus mismos cuerpos. El que ama a su mujer, a sí mismo se ama"* (Efesios 5:28). Mi esposa ya no es la misma mujer con la que me casé; se parece mucho más a Cristo. Espero que yo tampoco sea el mismo con el que ella se casó y que ahora me parezca más a Cristo. Al continuar en el Señor como pareja, nos vamos pareciendo más el uno al otro. La gente ha comentado que nos parecemos mucho en pensamiento y obra. De hecho, nos complementamos el uno al otro.

Los extraños tienden a tenerme en gran consideración por los libros que he escrito y por el hecho de ser ministro, aunque no hay nada que justifique esa actitud. Algunos no se atreven a acercarse demasiado a mí por temor a sobrepasar los límites de la etiqueta. Pero mi esposa los desarma por completo con su sentido del humor. Ella les pone apodos a profetas muy reconocidos y bromea con ellos. En Fiyi, tomó prestada una guitarra durante un descanso de una clase y reunió a un grupo de estudiantes de la Biblia para cantar con ella. Los estudiantes lo disfrutaron mucho, riendo alrededor del círculo, y desde ese momento la buscaban siempre que había un descanso entre clases.

> La recompensa para los escogidos por Dios para dirigir es grande, pero el castigo por no asumir la responsabilidad de los que tiene a su cuidado también es grande. Un marido tendrá que dar cuentas a Dios por la condición espiritual de su esposa y familia inmediata.

## Los maridos tienen que dar más cuentas a Dios

Ser cabeza no es un asunto ligero. Como marido, usted ha sido señalado y ungido por Dios para ser el principal sacerdote de su casa. *"Porque el marido es cabeza de la mujer, así como Cristo es cabeza de la iglesia, la cual es su cuerpo, y él es su Salvador"* (Efesios 5:23). La recompensa para los escogidos por Dios para dirigir es grande, pero el castigo por no asumir la responsabilidad de los que tiene a su cuidado también es grande. Un marido tendrá que dar cuentas a Dios por la condición espiritual de su esposa y familia inmediata.

Como los maridos representan la autoridad de Dios en la familia, deben tener cuidado de no representarle inadecuadamente. Cuando

Moisés y los israelitas llegaron al desierto de Zin y acamparon en Cades, no había agua para la congregación y comenzaron a murmurar.

> *Y habló Jehová a Moisés, diciendo: Toma la vara, y reúne la congregación, tú y Aarón tu hermano, y hablad a la peña a vista de ellos; y ella dará su agua, y les sacarás aguas de la peña, y darás de beber a la congregación y a sus bestias. Entonces Moisés tomó la vara de delante de Jehová, como él le mandó. Y reunieron Moisés y Aarón a la congregación delante de la peña, y les dijo: ¡Oíd ahora, rebeldes! ¿Os hemos de hacer salir aguas de esta peña? Entonces alzó Moisés su mano y golpeó la peña con su vara dos veces; y salieron muchas aguas, y bebió la congregación, y sus bestias. Y Jehová dijo a Moisés y a Aarón: Por cuanto no creísteis en mí, para santificarme delante de los hijos de Israel, por tanto, no meteréis esta congregación en la tierra que les he dado.* (Números 20:7–12)

Dios había mandado a Moisés que hablase a la roca, pero como Moisés estaba enojado con el pueblo, golpeó la roca dos veces en lugar de hablarle. Aunque el agua brotó en abundancia, Moisés había comprometido el testimonio de Dios. Dios proveyó agua por su amor y preocupación por el pueblo de Israel, pero el mensaje que Moisés envió fue uno de enojo. Representó a Dios inadecuadamente. Por esa razón, Dios no permitió que Moisés introdujera al pueblo hasta la Tierra Prometida.

Maridos, tengan cuidado al manejar la autoridad y el testimonio de Dios como su sacerdote principal de su casa. No le representen mal, como hizo Moisés, enviando un mensaje de enojo. Usted representa a Dios, y Dios es amor.

## La lengua y usted

Un hombre sabio sabe cuándo hablar y cuándo estar callado. Sabe qué asuntos son de peso y merecen la pena discutir y no pierde tiempo luchando por cosas triviales. Raramente se queja, así que cuando lo hace otros saben que es por algo importante. Aprende a ceder cuando realmente no es importante.

A mí no me gusta particularmente la comida coreana porque está muy especiada, pero a mi esposa le encanta. Si ella quiere elegir la comida coreana para comer o cenar, yo voluntariamente sufriré de indigestión. Mi esposa sabe que no me importa, así que cuando hay cosas que a mí me gustan y a ella no le importan, ella cede por mí. Al principio de casarnos, yo practicaba el golf y pasaba muchas horas jugando al golf con mis amigos, especialmente los sábados. A ella no le gustaba, porque le dedicaba muchas horas, especialmente los fines de semana cuando ella tenía que hacer la compra. Cuanto más se quejaba, más jugaba yo al golf.

Tras jugar al golf durante ocho años, dejé de jugar durante los siguientes dieciséis años. Fue extraño porque cuando ella me dio su consentimiento (alguien le dijo que era beneficioso para mí porque reducía el estrés), yo perdí el interés por el juego. Estaba jugando al juego del bueno/malo. Cuando menos le gustaba a ella, más me gustaba a mí, pero cuando ella dijo que estaba bien por ella que yo jugase, dejé de hacerlo.

Cuando los niños salieron de la universidad y la escuela de leyes, volví a jugar. Sin embargo, lo hacía solo tres o cuatro veces al año. No estaba realmente interesado. Un día, mi esposa me acompañó a un campo de práctica de golf. Ella dio unos cuantos golpes a la bola. Después, se consiguió algunos palos y se venía conmigo a jugar al golf con algunos amigos. Jugaba muy mal y se quejaba de lo estúpido que era el juego. Yo guardaba silencio. En poco tiempo, no obstante, ella comenzó a jugar y a ir conmigo a jugar al golf más veces. En un año, ella estaba tomando clases de golf conmigo cada semana. Comenzamos a jugar al golf con amigos y a ir de vacaciones a diferentes islas para jugar al golf. Llevamos jugando juntos al golf más de veinte años, y ella está más loca por el golf que yo.

Al comienzo, yo le daba consejos y ella se enojaba conmigo porque empeoraba su juego. Yo aprendí a mantener mi boca cerrada y mirar hacia otro lado. Ahora, ella es la que mira por la ventana cada día para ver el tiempo. Casi todos los días, ve el canal de golf, especialmente si juega Tiger Woods. Puede ver el mismo torneo de golf una y otra vez sin aburrirse. Con mucha frecuencia, es ella la que me saca de casa para hacer nueve hoyos en un campo de golf que tenemos cerca.

Eso es un giro radical. Es una delicia jugar con ella al golf. Su pasión hace que todos los que la rodean se apasionen más. En el proceso, he aprendido a no reírme nunca cuando da un mal golpe. Siempre la elogio cuando hace un buen golpe o acierta un golpe corto. Le encanta cuando la elogio y una gran sonrisa cubre su rostro. Nunca critique cuando no tenga que hacerlo. Nunca dé una lección a menos que se la pidan. ¡Qué maravilloso es que las parejas casadas trabajen y jueguen juntos!

## Haga elogios

Yo nunca dejo de elogiar a mi esposa, diciéndole lo hermosa que es, y lo mucho que le amo y aprecio. Al menos una vez por semana, la elogio de corazón. Ella sabe mi sinceridad. Aprendí a darle gracias por todo lo que hace por mí. Aprendí a decir "Lo siento", incluso cuando sé que no fui yo, aunque son raras estas ocasiones. A menudo, ella viene después y admite que ella estaba equivocada.

Nunca diga palabras desagradables de su esposa a otros. Algunos cónyuges están deseando que su pareja salga de la habitación, e inmediatamente comienzan a criticar al otro en cuanto el otro no les oye. En el capítulo anterior, hablamos de la unidad como la fuente de poder espiritual. Cuando usted critica a su cónyuge ante otros, es como criticarse a usted mismo y mostrar su propia divisibilidad. La gente pensará peor de usted.

> Cuando usted critica a su cónyuge ante otros, es como criticarse a usted mismo y mostrar su propia divisibilidad. La gente pensará peor de usted.

## La sumisión de un marido

No se puede separar la sumisión del amor. El resultado natural del amor es humildad, sumisión y obediencia. Dios quiere que las esposas practiquen el amor sometiéndose a sus esposos, y Dios quiere que los maridos aprendan humildad, sumisión y obediencia amando a sus esposas. Son las dos caras de una misma moneda.

Un marido que demanda sumisión y obediencia de su esposa debe tener por lo menos el mismo grado de sumisión y obediencia hacia Dios, los líderes de su iglesia e incluso sus propios padres.

*"Hijos, obedeced en el Señor a vuestros padres, porque esto es justo. Honra a tu padre y a tu madre, que es el primer mandamiento con promesa; para que te vaya bien, y seas de larga vida sobre la tierra"* (Efesios 6:1–3). La Biblia no dice a qué edad una persona queda libre de este mandamiento. Esperar que su esposa se someta y obedezca mientras el marido no se somete ni obedece a sus padres ni a los líderes de Dios, le hace ser un hipócrita.

Finalmente, citamos de nuevo a Watchman Nee:

Maridos. La Biblia enseña que las esposas deberían someterse a sus esposos; a la vez, los maridos deberían ejercer la autoridad con una condición. En Efesios 5 a los maridos se les dice que amen a sus esposas como a sí mismos tres veces. Sin duda alguna hay una autoridad en la familia; sin embargo, los que están en autoridad deben cumplir los requisitos de Dios. El amor de Cristo por la iglesia pone el ejemplo del amor que los maridos deben tener por sus propias esposas. Como Cristo ama a la iglesia, así deberían los maridos amar a sus esposas. El amor de los maridos debe ser igual que el amor de Cristo por su iglesia. Si los maridos desean representar la autoridad de Dios, deben amar a sus propias esposas.[7]

# Resumen

Como cabezas espirituales de la familia, los maridos representan la autoridad de Dios. Como tales, los maridos deben tener cuidado de no representar a Dios inadecuadamente. Cuando Israel habitó en Cades, no había agua y se quejaron. El Señor mandó a Moisés que reuniera a la congregación y le hablara a una gran roca conocida en la zona, y el agua

---

7. Watchman Nee, *Authority and Submission* (Anaheim, CA: Living Stream Ministry, 1988), 188.

brotaría de ella. En lugar de eso, Moisés se enojó por la murmuración de la gente y golpeó a la roca dos veces con ira. El agua salió, pero Moisés había representado a Dios inadecuadamente con su ira en vez del amor de Dios. Por ese error, a Moisés no se le permitió entrar en Canaán.

Dios es amor, y los que representan su autoridad deben mostrar el amor de Dios y no ira, resentimiento o un espíritu contencioso. La "semejanza de Dios" en un marido puede cambiar, santificar y limpiar a su esposa.

En la historia real del Dr. Viktor Frankl, aprendemos que todos tenemos el poder de escoger cómo responder a la gente y a las circunstancias. Él escogió amar, incluso ante un gran mal. Así es como Dios nos ama. Él derrama su amor sobre nosotros y escoge amarnos eternamente. Dios nunca rompe sus acuerdos y promesas.

Dios escogió a su esposa, y a ninguna otra mujer, para que estuviera con usted. Si en verdad hemos nacido de nuevo, somos una nueva criatura en Cristo. Somos una carne con nuestra esposa. Los maridos darán más cuentas delante de Dios, porque los líderes de Dios tienen un nivel superior de responsabilidad. A las esposas se les debe enseñar, no mediante gritos, control o amenazas, sino mediante el amor de un marido y una representación correcta de la autoridad de Dios.

Incluso como una esposa ha de someterse y obedecer a su marido, un marido ha de ser humilde, sumiso y obediente a los que están puestos en autoridad sobre él, incluidos su pastor, iglesia y padres. De lo contrario, está fuera del orden del reino de Dios y está ejerciendo su autoridad de manera incorrecta.

# 8

# CÓMO HACER EL AMOR EN
# EL MATRIMONIO

### Crear amor

Hace años, di una clase sobre cómo hacer el amor. No es lo que usted está pensando ahora mismo. No tiene nada que ver con romance o sexo. Como parte de la clase, hice que el grupo cerrara los ojos y enviara amor a la persona de su derecha declarando en su mente y corazón que ama a esa persona, así como Dios ama a esa persona. Tras unos minutos, les pedí que enviaran amor a la persona de su izquierda, y luego delante y detrás de ellos, después a todos los de la sala. Les di cinco minutos para hacerlo cada vez. "En su corazón", les dije, "díganles que les aman y reconozcan que ellos también le aman a usted. Pídanle a Dios que les ayude a amar a los que les rodean".

Mientras realizábamos nuestro ejercicio de amor, la puerta se abrió de repente y entró un extraño y comenzó a abrazar a la gente del grupo. Después, se detuvo, y exclamó: "Perdón, lo siento. No me conocen. Soy amigo de Doug y me dijo que viniera aquí esta noche, pero no le veo. Cuando abrí la puerta, sentí tanto amor que no pude resistirme".

## Temer o descuidar amar

La mayoría hemos experimentado el rechazo y que quienes nos rodean no nos amen. En algunos casos, quienes se supone que debían amarnos, como una madre, padre, familiares, etc., nos han rechazado o descuidado en cambio. A menudo, un padre favorece a uno de sus hijos. Quizá se meten con el niño menos favorecido mientras que se exceden en amor con los demás. Esto crea dolor e inseguridad.

A veces, la persona que usted ama no le devuelve su amor. Tras algunas experiencias de rechazo, empieza a darnos miedo amar otra vez. Duele cuando la otra persona no le devuelve su amor. Por supuesto, a veces es parte de la vida, como cuando un niño está locamente enamorado de una chica que no siente lo mismo. Incluso en una ocurrencia tan común de la que la mayoría podemos reírnos, algunos son heridos en su corazón y su espíritu por el rechazo. Conozco a alguien que se encerró en su cuarto y en su casa durante más de treinta años porque una novia rompió con él en el instituto.

Aprendemos a levantar paredes alrededor de nuestro corazón para evitar volver a ser heridos. Después, nos cuesta hacer buenos amigos porque cada vez que alguien se acerca demasiado, le

> Usted no tiene que tener una gran personalidad, encanto o aspecto para amar a la gente y ser correspondido en ese amor. Lo único que necesita es pedirle a Dios que le ayude a repartir amor de Dios ampliamente en su corazón.

empujamos, a menudo inconscientemente. Nos aislamos de otros para no resultar heridos. El rechazo crea temor.

Algunas personas tienen una personalidad que de manera natural atrae a personas a ellas. Algunas personas tienen sonrisas que iluminan una sala. Otros tienen una personalidad tan cálida y encantadora que la gente se siente inevitablemente atraída a ellos. Pero usted no tiene que tener una gran personalidad, encanto o aspecto para amar a la gente y ser correspondido en ese amor. Lo único que necesita es pedirle a Dios que le ayude a repartir amor de Dios ampliamente en su corazón. El amor es para compartirlo y esparcirlo por el mundo; no es un regalo para unos pocos elegidos, sino una promesa para todo el pueblo de Dios.

## El amor cambia la atmósfera y a la gente que le rodea

El amor puede cambiar la atmósfera y las actitudes de los que le rodean. Estaba en un restaurante japonés con mi esposa no hace mucho tiempo y, al mirar a mi alrededor, observé que casi todas las personas estaban taciturnas y en silencio. Nadie estaba hablando; había un silencio extraño. Cuando la camarera llegó para tomar nuestra orden, le dijimos que necesitábamos un par de minutos más. Ella se dio la vuelta de forma abrupta y se alejó un tanto molesta.

Decidí cerrar mis ojos y crear amor para todos en la sala. Dirigí mi amor hacia la gente de la mesa contigua, y luego a la siguiente, y finalmente a todos en el restaurante. Tras unos momentos, abrí mis ojos y fue como si la sala de repente estuviera mucho más brillante, como si alguien hubiera subido al "máximo" un potenciómetro de luz. Ahora estaban todos animados, riendo y conversando. Le conté a mi esposa un chiste y ella estalló de risa. En ese momento, la camarera regresó con una gran sonrisa y nos tomó nota. ¡Qué cambio!

*El que dice que está en la luz, y aborrece a su hermano, está todavía en tinieblas. El que ama a su hermano, permanece en la luz, y en él no hay tropiezo. Pero el que aborrece a su hermano está en tinieblas, y anda en tinieblas, y no sabe a dónde va, porque las tinieblas le han cegado los ojos.* (1 Juan 2:9–11)

## Pruébelo; le gustará

Compartí mi experiencia en el restaurante japonés con mi congregación un domingo por la mañana, y durante el estudio bíblico del martes por la tarde, una de mis miembros me pidió poder compartir una experiencia. Ella relató que había trabajado en un hospital militar local como enfermera durante casi treinta y cinco años y nunca le dijo a nadie que le amaba y apreciaba. Mientras conducía al trabajo el lunes por la mañana, se acordó de mi mensaje y decidió probarlo. Cerró sus ojos en el auto en el estacionamiento y le pidió a Dios que le ayudara a amar a sus compañeros de trabajo y a enviar amor a todo aquel con quien trabajaba. Después hizo lo mismo brevemente antes de entrar al edificio.

Cuando se encontró con sus compañeras de trabajo y otras trabajadoras unos minutos después, estaban sonriendo entre ellas y el lugar tenía una atmósfera distinta. Pudo decirles lo mucho que les apreciaba y amaba. ¡Algunas lloraron y la atmósfera era electrizante! Había felicidad y amor en el puesto de trabajo y la oficina durante todo el día.

Quería asistir a un funeral la mañana siguiente pero sabía que su supervisor era muy insistente en que había que avisar con dos semanas de antelación para ausentarse por algo. Ella pensó: *Pero, ¿por qué no? No tengo nada que perder.* Se sorprendió cuando su jefe sonrió, y dijo: "Claro, no hay problema. Tan solo rellena la hoja de solicitud". Esta mujer tenía lágrimas en sus ojos mientras contaba la historia.

## Transmitir el amor

El enojo y la amargura son cosas que se pueden transmitir a otros a nuestro alrededor también. Una persona huraña entra en la sala e inmediatamente personas se ven afectadas. Caminan de puntillas. Pero el amor también es contagioso.

Hay algunos cristianos que rebosan amor. Entran en una sala y la gente alza la mirada y recibe buenos sentimientos. Experimentan amor, amabilidad y luz saliendo de esa persona.

Estaba en un aeropuerto en Taipei, Taiwán, esperando un vuelo de conexión que nos llevara de vuelta a casa en Hawái. Nuestro equipo misionero estaba charlando entre ellos mientras esperábamos. Nos estábamos divirtiendo. Una pareja americana se nos presentó y me preguntó si yo era pastor. Le respondí de modo afirmativo, y exclamaron. "Lo sabíamos por el amor que sentimos en su grupo". Resultó que eran misioneros.

No estoy intentando decir que sucede todo el tiempo o que yo sea especial en algún sentido, pero creo que no deberíamos tener miedo de esparcir el amor de Dios a los que nos rodean. Puede cambiar la atmósfera y ser una luz que brilla en la oscuridad que nos rodea. El amor en nuestro corazón se disipará si no lo entregamos. Cuando más entregue, más recibe a cambio. Por lo menos, crear amor para otros cambiará su propio estado de ánimo.

> Como cristianos, deberíamos crear amor cada día, especialmente para nuestro cónyuge e hijos. Algo ocurre en el mundo espiritual que toca los corazones de aquellos a los que enviamos amor, especialmente a nuestro cónyuge e hijos.

Como cristianos, deberíamos crear amor cada día, especialmente para nuestro cónyuge e hijos. Algo ocurre en el mundo espiritual que toca los corazones de aquellos a los que enviamos amor, especialmente a nuestro cónyuge e hijos.

La oscuridad rodea la tierra, especialmente en estos últimos tiempos. Hace unos años, estaba intentando dormir una siesta en un avión a dos horas de Manila, Filipinas. De repente, tuve una visión. Vi el planeta tierra enfrente de mí, del tamaño de una bola de béisbol. A mi izquierda, vi relámpagos que se dirigían rápidamente hacia la tierra. Oí un trueno y sentí que había una batalla entre el reino de Dios y las fuerzas del mal. El globo estaba casi negro por completo. Solo podía ver unos cuantos agujeritos de luz.

Estamos rodeados por el reino de las tinieblas, donde hay mucho odio, ira, violencia y maldad. Jesucristo era la luz del mundo cuando caminaba en carne por la tierra. *"Otra vez Jesús les habló, diciendo: Yo soy la luz del mundo; el que me sigue, no andará en tinieblas, sino que tendrá la luz de la vida"* (Juan 8:12). *"Entre tanto que estoy en el mundo, **luz soy del mundo**"* (Juan 9:5).

Dios es amor, y dondequiera que Él esté, hay luz. Cuando Jesús regresó al cielo, sus verdaderos adoradores se convirtieron en hijos de luz.

> *Entre tanto que tenéis la luz, creed en la luz, para que seáis hijos de luz. Estas cosas habló Jesús, y se fue y se ocultó de ellos.*
>
> (Juan 12:36)

> *Porque en otro tiempo erais tinieblas, mas ahora sois luz en el Señor; **andad como hijos de luz.*** (Efesios 5:8)

> ***Porque todos vosotros sois hijos de luz*** *e hijos del día; no somos de la noche ni de las tinieblas.* (1 Tesalonicenses 5:5)

Tenemos que ser conformados a la imagen de Jesucristo, luces en un mundo de oscuridad. (Véase Romanos 8:29). Hay mucha necesidad de más amor verdadero hoy. El mundo es oscuro y el reino de Satanás está venciendo a los hijos de luz.

El Señor Jesús dijo esto acerca de sus hijos:

> *Vosotros sois la luz del mundo; una ciudad asentada sobre un monte no se puede esconder. Ni se enciende una luz y se pone debajo de un almud, sino sobre el candelero, y alumbra a todos los que están en casa. Así alumbre vuestra luz delante de los hombres, para que vean vuestras buenas obras, y glorifiquen a vuestro Padre que está en los cielos.* (Mateo 5:14–16)

Si hay una diferencia entre los incrédulos y el pueblo de Dios, es el amor, o debería serlo. Si Dios es amor, entonces los incrédulos no pueden tener el amor de Dios en su corazón. Pueden tener *eros* (amor romántico) o *fileo* (amor fraternal) o incluso *storge* (amor de familia), pero no pueden tener amor ágape (el amor incondicional de Dios). Al mismo tiempo, todos los creyentes verdaderos, como hijos de luz, deberían ser llenos del amor de Dios. A medida que disminuye el amor, la luz también se apaga. *"Y por haberse multiplicado la maldad, el amor de muchos se enfriará"* (Mateo 24:12).

Los cristianos deberíamos caminar en amor, crear amor, y esparcir el amor de Dios a todos los que nos rodean, y a todo el mundo. El amor es lo que conecta a cada cristiano con todos los demás cristianos del mundo. El amor debería ser el fundamento de nuestros matrimonios. Cada uno de nosotros es responsable de esparcir el amor de Dios a su cónyuge e hijos. Es un don y una responsabilidad que Dios nos ha dado.

> El amor es lo que conecta a cada cristiano con todos los demás cristianos del mundo. El amor debería ser el fundamento de nuestros matrimonios. Cada uno de nosotros es responsable de esparcir el amor de Dios a su cónyuge e hijos.

## Crear amor para su cónyuge y familia

Tan solo una atmósfera de amor puede tocar a los que tiene a su alrededor. Cierre sus ojos cada mañana y envíe amor a su cónyuge e hijos. Ore, y pídale a Dios que le ayude a amar a la gente que le rodea. Finalmente, puede crear amor para todos aquellos con los que entre en contracto. El amor es una decisión y algo que usted puede crear. Cree tanto amor como pueda para su cónyuge y familia. Esparza el amor de su corazón hacia los que le rodean en su trabajo, en la escuela, en el bus, o dondequiera que esté. Se recibe gratis, y se da gratis. Cree una atmósfera de amor dondequiera que vaya.

Como cristianos, deberíamos ser tan distintos a los que nos rodean, que comenzaran a darse cuenta. El amor es esa diferencia.

Hace algunos años, una mujer en la iglesia compartió lo feliz que estaba porque, la semana anterior, había descubierto que una de sus compañeras de trabajo también era cristiana. Habían trabajado juntas durante casi quince años y nunca lo había sospechado. "Ahora", dijo efusivamente, "tengo una compañera de oración". Aunque me gocé con su descubrimiento, me entristeció también que tardase quince años en saber que alguien con quien trabajaba cinco días a la semana era cristiana. Ni siquiera era una oficina grande.

Como cristianos, deberíamos ser tan distintos a los que nos rodean, que comenzaran a darse cuenta. El amor es esa diferencia.

Como reza el viejo dicho: "Comparta el evangelio todo el tiempo, y si es necesario, use las palabras". *"El amor de Dios ha sido derramado en nuestros corazones"* (Romanos 5:5). Si su corazón está lleno del amor de Dios, su conducta, palabras y actitudes deberían esparcirse y expresar ese amor a otros. El amor no es estático, sino algo dinámico y en movimiento. No es algo que pueda ignorar y poner en una estantería o mantener debajo de la alfombra. Hay que usarlo, dárselo a otros y practicarlo.

## ¿Tiene el amor de Dios dentro de usted?

El apóstol Santiago nos habla de la fe y las obras de la fe. La fe es vana si no se manifiesta en el mundo a través de obras de fe. La fe debe ser dinámica y estar en movimiento.

*Hermanos míos, ¿de qué aprovechará si alguno dice que tiene fe, y no tiene obras? ¿Podrá la fe salvarle? Y si un hermano o una hermana están desnudos, y tienen necesidad del mantenimiento de cada día, y alguno de vosotros les dice: Id en paz, calentaos y saciaos, pero no les*

*dais las cosas que son necesarias para el cuerpo, ¿de qué aprovecha?*
*Así también la fe, si no tiene obras, es muerta en sí misma. Pero*
*alguno dirá: Tú tienes fe, y yo tengo obras. Muéstrame tu fe sin tus*
*obras, y yo te mostraré mi fe por mis obras. Tú crees que Dios es uno;*
*bien haces. También los demonios creen, y tiemblan. ¿Mas quieres*
*saber, hombre vano, que la fe sin obras es muerta? ¿No fue justificado*
*por las obras Abraham nuestro padre, cuando ofreció a su hijo Isaac*
*sobre el altar? ¿No ves que la fe actuó juntamente con sus obras, y*
*que la fe se perfeccionó por las obras? Y se cumplió la Escritura que*
*dice: Abraham creyó a Dios, y le fue contado por justicia, y fue llama-*
*do amigo de Dios. Vosotros veis, pues, que el hombre es justificado*
*por las obras, y no solamente por la fe.*　　　(Santiago 2:14–24)

Del mismo modo, el amor está muerto sin las obras del amor, y
como explica Pablo, las obras sin amor también están muertas.

*Si yo hablase lenguas humanas y angélicas, y no tengo amor, vengo*
*a ser como metal que resuena, o címbalo que retiñe. Y si tuviese*
*profecía, y entendiese todos los misterios y toda ciencia, y si tuviese*
*toda la fe, de tal manera que trasladase los montes, y no tengo amor,*
*nada soy. Y si repartiese todos mis bienes para dar de comer a los*
*pobres, y si entregase mi cuerpo para ser quemado, y no tengo amor,*
*de nada me sirve.*　　　(1 Corintios 13:1–3)

Sin amor, todas sus obras no tienen valor para Dios. Cuando un
hombre llegue al cielo, Dios juzgará todas sus obras.

*Porque nadie puede poner otro fundamento que el que está puesto,*
*el cual es Jesucristo. Y si sobre este fundamento alguno edificare oro,*
*plata, piedras preciosas, madera, heno, hojarasca, la obra de cada*
*uno se hará manifiesta; porque el día la declarará, pues por el fuego*
*será revelada; y la obra de cada uno cuál sea, el fuego la probará.*
*Si permaneciere la obra de alguno que sobreedificó, recibirá recom-*
*pensa. Si la obra de alguno se quemare, él sufrirá pérdida, si bien él*
*mismo será salvo, aunque así como por fuego.*
　　　　　　　　　　　　　　　　　　(1 Corintios 3:11–15)

Cualquiera de nuestras obras en la tierra que no se haga por amor a Dios y a los hombres, será quemada y se perderá. No hay recompensa para las obras que se hacen por amor a uno mismo. El amor a Dios se debe manifestar en este mundo mediante nuestras obras y nuestra conducta.

Como cristianos, todos deberíamos demostrar y esparcir el amor de Dios en nuestros corazones. Primera de Corintios 13:4–7 dice:

*El amor es sufrido, es benigno; el amor no tiene envidia, el amor no es jactancioso, no se envanece; no hace nada indebido, no busca lo suyo, no se irrita, no guarda rencor; no se goza de la injusticia, mas se goza de la verdad. Todo lo sufre, todo lo cree, todo lo espera, todo lo soporta.*

El amor dura para siempre. Refleja nuestra perfección en Jesucristo. Todos los dones del Espíritu, incluyendo profecía, conocimiento y lenguas desaparecerán, pero el amor permanecerá para siempre.

*El amor nunca deja de ser; pero las profecías se acabarán, y cesarán las lenguas, y la ciencia acabará. Porque en parte conocemos, y en parte profetizamos; mas cuando venga lo perfecto, entonces lo que es en parte se acabará. Cuando yo era niño, hablaba como niño, pensaba como niño, juzgaba como niño; mas cuando ya fui hombre, dejé lo que era de niño. Ahora vemos por espejo, oscuramente; mas entonces veremos cara a cara. Ahora conozco en parte; pero entonces conoceré como fui conocido. Y ahora permanecen la fe, la esperanza y el amor, estos tres; pero el mayor de ellos es el amor.*

(1 Corintios 13:8–13)

¿Cómo es posible que alguien extienda el amor de Dios al mundo y, a la vez, niegue ese amor a su cónyuge e hijos? El matrimonio es su punto de partida. En su libro *Crystal Christianity*, el evangelista Charles Finney dijo que podemos poner a dos cristianos uno junto al otro y no saber por fuera cuál de los dos es un verdadero cristiano y cuál es un cristiano falso. Ambos afirman amar a Dios, ambos leen la Biblia fielmente, y ambos dedican mucho tiempo y dinero a la iglesia. Parecen igualmente celosos, oran mucho, comparten el evangelio todo el tiempo, y parecen ser diligentes con las cosas de Dios. La única diferencia está en el corazón. El cristiano verdadero hace todo por amor a Dios, sin ninguna otra motivación. El cristiano falso hace todo por amor a sí mismo. Hace las cosas de la iglesia y las obras religiosas porque "es parte de mi religión", o quizá porque teme que si no hace estas cosas, perderá su salvación. Quizá esté intentando alcanzar notoriedad, aceptación y la alabanza de los hombres. Pero en todo lo que hace, siempre hay un elemento del "yo" involucrado.

> El cristiano verdadero hace todo por amor a Dios, sin ninguna otra motivación. El cristiano falso hace todo por amor a sí mismo.

Dios es amor y el amor es Dios. Él ha escogido a los maridos para dirigir a su familia y enseñarles cómo amar.

El amor es el tema central y la naturaleza del reino de Dios. No todos hemos sido llamados a ser apóstoles, profetas, evangelistas, pastores y maestros, pero cada uno de nosotros ha sido llamado a esparcir el amor de Dios en nuestro corazón. Cada uno de nosotros, todos los días, puede enviar amor a su cónyuge y familia, y expulsar las tinieblas en nuestras familias y en el mundo. No deberíamos esconder la luz y el amor de Dios debajo de un recipiente.

## Resumen

Dios es amor y sus hijos deberían ser personas de amor. En la carne, sin embargo, muchos cristianos han sufrido rechazo y tienen miedo de amar. Sin embargo, se nos manda que amemos a Dios y a nuestro prójimo. El amor es proactivo, y el amor de Dios se debe esparcir desde nuestro corazón hacia otros. Practique esparcir amor a los que le rodean orando y pidiéndole a Dios que le ayude a amar a su cónyuge e hijos, a sus compañeros de trabajo, a sus vecinos y amigos, y finalmente, al mundo. Transmita ese amor. Como dijo el apóstol Santiago, la fe sin obras está muerta. Podemos decir que amamos a otros, pero sin obras o evidencia externa de nuestro amor, nuestro amor está muerto.

# 9

# EXCESO DE EQUIPAJE

## ¿Qué tiene en su espalda?

Mi término "exceso de equipaje" no se refiere a barrigas de cerveza o muslos gruesos. Se refiere a la falta de perdón, heridas profundas, rechazo, amargura, corazones y espíritus maltratados y partidos, y cosas semejantes. La gente que tiene el espíritu herido o el corazón partido puede cubrir su herida durante un tiempo pero, tarde o temprano, las heridas saldrán a la superficie y crearán todo tipo de problemas en el matrimonio. Se pueden convertir en destructores del matrimonio.

Estas heridas de espíritu y corazón, mente y alma, no son exclusivas de los tiempos modernos. Son lo que Cristo vino a sanar. *"El Espíritu del Señor está sobre mí, por cuanto me ha ungido para dar buenas nuevas a los pobres; me ha enviado a sanar a los quebrantados de corazón; a pregonar libertad a los cautivos, y vista a los ciegos; a poner en libertad a los oprimidos; a predicar el año agradable del Señor"*. (Lucas 4:18–19; véase también Isaías 61:1–3). Las heridas del corazón y la mente a menudo están adormecidas hasta después de la ceremonia de bodas. Uno puede pensar que él o ella lo ha "superado", pero en realidad, esos sentimientos tan solo han sido enterrados y cubiertos. Pueden brotar una y otra vez.

Hay personas con heridas en el corazón, por haber perdido a un ser querido, haber sufrido rechazo o experimentado relaciones que fueron mal, quizá un matrimonio anterior fallido o la traición de un ser querido.

La Biblia se escribió en un tiempo en el que términos modernos como esquizofrenia, paranoia, trastorno de personalidad múltiple, catatonia y trastorno bipolar no se habían acuñado aún. El Antiguo Testamento alude a estas heridas como condiciones del corazón o espíritu. En Proverbios 15:13 dice *"mas por el dolor del corazón el espíritu se abate"*. El rey Salomón usó la frase *"espíritu angustiado"*. En Proverbios 18:14, se usan las palabras *"ánimo angustiado"* y *"enfermedad"*. El Salmo 147:3 dice: *"Él sana a los quebrantados de corazón, y venda sus heridas"*.

*Esquizofrenia* significa "dos almas o mentes" y hay sombras de esto que van desde la luz hasta la oscuridad. Algunas formas son menores y otras asustan. El Nuevo Testamento lo menciona en Santiago 1:8: *"El hombre de doble ánimo es inconstante en todos sus caminos"*. Algunas versiones de la Biblia usan el término "doble ánimo" o "doble mente".

No significa que estemos sufriendo algún tipo de enfermedad mental de ninguna manera. La Biblia no caracteriza el quebranto de corazón o un espíritu quebrantado como un espíritu lunático o un trastorno mental, pero reconoce que estas condiciones deben ser sanadas. La unción del Espíritu Santo se da para este propósito. (Véase Lucas 4:18).

## Arrastrar heridas al matrimonio

Las heridas antiguas o incluso nuevas, recuerdos reprimidos y relaciones sin terminar o dañadas pueden afectar negativamente a la conducta actual. La ira y la amargura que no ha sido resuelta o disuelta puede salir a la superficie y explotar de forma inesperada y sin razón aparente. Su cónyuge puede quedarse perplejo por los repentinos comentarios impertinentes o la conducta que parece ser una reacción excesiva. Sin embargo, la ira repentina o su intensidad puede que tenga poco que ver con las circunstancias actuales y puede estar dirigida de manera subconsciente a la madre, o al padre, o a otra persona del pasado. Alguien simplemente apretó el botón.

Tenía un buen amigo en la universidad que sufrió un rechazo severo de parte de un padre que favorecía a un hermano mayor que era más alto, mejor parecido y más inteligente que él. Parecía que todo lo que él hacía era basura y todo lo que su hermano mayor hacía era digno de elogio. Durante años, mi amigo se emborrachaba y venía a verme a altas horas de la mañana para descargar sus heridas. Sin embargo, cuando me casé no pude seguir pasando mucho tiempo con él. Él también se casó enseguida, pero descubrió que su esposa tenía relaciones amorosas extramatrimoniales, lo cual solo aumentó su baja autoestima y amargura. Finalmente se volvió a casar con una mujer buena y amable, y comenzó una relación matrimonial tumultuosa. Su desprevenida segunda esposa a menudo me llamaba para que fuera y detuviera a mi amigo para que no destrozara la casa en un estallido de ira que ella no podía llegar a entender del todo.

> La ira y la amargura que no ha sido resuelta o disuelta puede salir a la superficie y explotar de forma inesperada y sin razón aparente.

Incluso años después de la muerte de su padre, las emociones de mi amigo eran una montaña rusa. A pesar de toda la consejería que había recibido, la ira se encendía ocasionalmente, llevándole a otra conducta violenta. Hasta el día en que murió, su familia tenía mucho cuidado. En otros momentos, sin embargo, era un tipo maravilloso con un gran corazón y un deseo de ayudar a otras personas. Tristemente, en ese tiempo, yo aún no era un cristiano practicante y era ignorante de cómo ayudar a alguien en esta condición.

Las heridas del pasado son exceso de equipaje del que usted necesita deshacerse antes del matrimonio. Si tiene heridas sin resolver del pasado, su matrimonio es muy probable que se vea afectado por ello, si no controlado. Muchas personas ni tan siquiera saben que siguen enfermas del corazón. Creen que están por encima de las dañinas experiencias de su pasado, pero no lo están.

> Muchas veces se ha arruinado un matrimonio por la amargura y el rechazo sufridos en la infancia. Es como una enfermedad que nunca termina de irse por completo.

Cuando el romance está en un nivel muy alto y se comparten los sueños, el pasado raras veces sale del armario. Pero, con el tiempo, la intensidad de los niveles del romance decrece, aparece la realidad y las heridas del pasado quizá se activen y se vuelvan a vivir en el presente.

He oído muchas veces a una esposa o marido quejándose de que su cónyuge a veces actúa como un niño o niña pequeña. La gente que ha sufrido rechazo a una edad temprana a menudo se comporta como alguien de esa edad, ya que el niño o niña herida sale a la superficie y se manifiesta en forma de una pataleta o una pequeña amargura. Los padres de un amigo mío se divorciaron cuando él tenía diez años. Después en su vida, su esposa decía que a veces se comportaba como un niño de diez años.

Sería sabio limpiar la casa antes de la ceremonia de bodas. Deshágase de los recuerdos amargos, las actitudes paralizantes, las heridas prolongadas y las emociones negativas para que no interfieran en su matrimonio. Deje el exceso de equipaje negativo en el embarcadero.

## Rencor y amargura

No lleve rencor al matrimonio. Los espíritus de resentimiento, ira, amargura, odio, venganza e incluso asesinato pueden estar conectados con el rencor. Aunque la ira y la amargura están inicialmente dirigidas a personas del pasado, pueden activar reacciones negativas dirigidas a los que más cerca están de nosotros. Muchas veces se ha arruinado un matrimonio por la amargura y el rechazo sufridos en la infancia. Es como una enfermedad que nunca termina de irse por completo. Como la varicela que está latente muy dentro de usted dentro de sus células y luego aparece como herpes más adelante en su vida, la ira y el resentimiento pueden aparecer desde el pasado lejano y afectar al presente de formas dolorosas y deformadas.

Hablaremos de cómo deshacerse del enojo en un capítulo posterior.

## El rencor trae maldiciones

En Mateo 18:22, Jesús nos enseña a perdonar a un hermano que peca contra nosotros no siete veces sino *"hasta setenta veces siete"*. Después comparte una parábola sobre un siervo que tenía una gran deuda con su amo. El amo arrojaría al siervo en la cárcel hasta que pagara todo lo que le debía, pero como su amo tuvo compasión, le perdonó todo lo que el siervo le debía y le dejó ir. Después, este mismo siervo fue tras otro siervo que le debía una pequeña cantidad. El segundo siervo le rogó que le diera más tiempo para pagarle al primer siervo, pero el primer siervo le metió en prisión. Cuando el amo se enteró, se enfureció. Dijo al primer siervo:

*"Siervo malvado, toda aquella deuda te perdoné, porque me rogaste. ¿No debías tú también tener misericordia de tu consiervo, como yo tuve misericordia de ti? Entonces su señor, enojado, le entregó a los verdugos, hasta que pagase todo lo que le debía. Así también mi Padre celestial hará con vosotros si no perdonáis de todo corazón cada uno a su hermano sus ofensas"* (Mateo 18:32–35).

El rencor puede traer maldiciones. ¿Quién quiere llevar espíritus malignos o maldiciones a un matrimonio?

Nuestro Señor Jesús sufrió muchas cosas y murió con una muerte dolorosa en la cruz, para que todos nuestros pecados fueran perdonados.

¿No deberíamos nosotros también perdonar a otros sus pecados contra nosotros? Tema a Dios y perdone sin demora.

## Haga una lista de personas a las que perdonar

El primer paso es hacer una lista de todas las personas a las que tiene que perdonar, incluyendo aquellos que pensaba que ya había perdonado. A veces solo pensamos que perdonamos a alguien pero, en el fondo de nuestro corazón, realmente no lo hemos hecho. Tiene que terminar el proceso.

> El rencor es como una cebolla. Tiene que pelar las capas una a una hasta que no quede nada del espíritu de rencor.

El rencor es como una cebolla. Tiene que pelar las capas una a una hasta que no quede nada del espíritu de rencor. Una vez pensé que había perdonado a alguien, pero pocos meses después, vi que seguía hablando negativamente de ella. Mi esposa dijo: "Pensé que dijiste que la habías perdonado". Oré y la volví a perdonar. Unos meses después, mi esposa me oyó hablando negativamente sobre esta persona de nuevo. Oré y la volví a perdonar otra vez. Tuve que "perdonarla" cuatro veces hasta que finalmente llegué a un punto en que no volví a tener más pensamientos negativos sobre esa persona, solo positivos. El amor finalmente llegó y la amargura se fue para siempre.

Esta es una lista parcial de personas a las que quizá tenga que perdonar:

Padres, hermanos, primos, abuelos, tíos y tías, excónyuges, exnovios, exnovias, exsuegros, cónyuges, hijos, nietos, amigos que le traicionaron o hirieron, vecinos, conocidos, compañeros de clase, maestros, compañeros de trabajo, jefes, pastores, miembros de la iglesia, conductores en la autopista, extraños rudos, propietarios de perros, y otros.

Durante cada seminario sobre guerra espiritual que doy, hago que la audiencia cierre los ojos y diga: "Perdono a las siguientes personas: ...". Después repaso la lista lentamente, dando tiempo suficiente para reflexionar y luego perdonar. Muchos lloran cuando recuerdan heridas del pasado y relaciones arruinadas, especialmente con padres y familiares.

## Pídale a Dios un corazón perdonador

Si no cree que puede perdonar, ore y pídale a Dios que le dé un corazón perdonador para esa persona. En una aldea pesquera en las Filipinas, una anciana estaba de pie en una fila para sanidad, encorvada y respirando con dificultad. Tenía asma. Cuando estaba de pie delante de mí, el Espíritu Santo dijo: *Rencor*. Le dije: "Usted necesita perdonar a alguien. Sabe quién es, ¿verdad?".

Ella respondió: "Sí, es mi yerno. Le odio. Me grita continuamente, me falta al respeto y nunca dice nada bueno de mí".

Yo dije: "Bueno, tiene que perdonarle".

Ella respondió: "No quiero. Le odio".

Yo destaqué: "Entonces tendrá que permanecer con su asma".

Ella me miró y dijo: "¿Realmente lo cree así?".

Yo dije: "Sí, si quiere ser sanada, tiene que perdonarle. Pídale a Dios que le dé un corazón perdonador para poder perdonar a su yerno".

Ella oró: "Amado Jesús, por favor, ayúdame a perdonar a mi yerno. Dame un corazón perdonador. Amén".

"Hermana", le pregunté, "¿puede perdonarle?".

Asintió y oró: "Perdono a mi yerno en el nombre de Jesús".

Al instante, se enderezó de su posición encorvada, se puso erguida, y gritó: "Soy sana; ¡soy sana! Puedo respirar. ¡Puedo respirar!".

Ore para que Dios le dé un espíritu perdonador. Recuerde: no puede orar solamente: "Señor, perdono a todos los que me hayan herido desde el día en que nací hasta hoy". No funciona así. Tiene que nombrar a esa persona, si recuerda el nombre, y decirle a Dios específicamente qué es lo

> La Biblia dice que Dios no le perdonará a menos que usted perdone a otros por cómo han pecado contra usted. Después de perdonar a otros, arrepiéntase de sus propios pecados y pídale a Dios que le perdone por cualquier pecado que venga a su mente.

que perdona. No diga: "Cualquier cosa que me haya hecho". Sea específico.

Cuando estaba recién nacido de nuevo, pensaba que había perdonado a todos los que recordaba. Mientras estaba orando una mañana, los rostros de tres jóvenes aparecieron delante de mí. Estos tres me habían atormentado y maltratado durante un corto espacio de tiempo cuando estaba en octavo grado, y se me había olvidado por completo. Fue treinta y cinco años después. Ni siquiera recordaba sus nombres, pero supe que Dios me estaba mostrando a personas a las que tenía que perdonar. Lo hice.

Oro para que Dios haga lo mismo con usted.

## Arrepiéntase de sus propios pecados

La Biblia dice que Dios no le perdonará a menos que usted perdone a otros por cómo han pecado contra usted. Después de perdonar a otros, arrepiéntase de sus propios pecados y pídale a Dios que le perdone por cualquier pecado que venga a su mente. Aunque Dios perdona libremente y usted se arrepintió antes de sus pecados, asegúrese yendo delante de Dios una vez más con un corazón arrepentido. Esto no significa necesariamente que Él no le hubiera perdonado ya.

Pídale que le muestre pecados que haya podido olvidar. Al principio de ser cristiano, oraba que Dios me mostrara pecados que había olvidado. De vez en cuando Él me mostraba, en una visión, pecados que yo había cometido a los diez o doce años. Pídale a Dios que le revele incluso pecados que hasta quizá usted piense que no son pecados.

Hace años, mientras estaba en Fiyi, una de mis alumnas me contó cómo había sido llevada al cielo una noche, con dos ángeles escoltándola. Uno de los ángeles le llamó ladrona.

Ella le dijo al ángel: "¡Yo nunca he robado nada!".

"Oh sí, ¡sí lo hiciste!".

El ángel le dio una visión de la vez en que estaba cuidando a los hijos de su pastor años atrás. Ella tenía hambre, así que tomó una lata de sardinas de la estantería y se la comió, prometiendo que la repondría al día siguiente. A la mañana siguiente, fue al supermercado, compró una lata idéntica de sardinas y la repuso.

"Esa no es la misma lata de sardinas", dijo el ángel. "Tú robaste la primera".

El ángel después le dio una segunda visión en la que ella estaba asistiendo a una reunión en la noche y de repente pensó en algo que había olvidado en su casa. Cuando fue a la puerta principal, no pudo encontrar sus zapatillas de andar por casa, así que "tomó prestadas" un par y fue a casa. Cuando regresó, repuso las zapatillas que había tomado prestadas. "No pediste permiso", dijo el ángel. Dios es muy preciso.

Pocos años después, estaba en las Filipinas y fui a darme una ducha. Llevaba mi ropa limpia y toallas. Una vez en la ducha, me di cuenta de que se me había olvidado el gel. Había unas seis o siete pastillas de jabón en una estantería cerca de la ducha, las cuales habían dejado ahí otros miembros del equipo de misión. Me estiré para "tomar prestado" uno de los jabones de alguien cuando me acordé de la experiencia de la chica de Fiyi. La conciencia me obligó a secarme, ponerme mi ropa y acercarme a mi habitación a buscar mi propio gel.

## Resumen

No lleve rencor, amargura, resentimiento, ira y frustraciones a su matrimonio. No es justo para su cónyuge y familia. Las heridas del pasado que no han sido resueltas o disueltas pueden afectar a toda la familia, porque afectan a sus actitudes hacia los que le rodean. La desconfianza, ira y frustraciones a menudo se vierten sobre sus familiares sin que ni siquiera usted se dé cuenta. Se convierten en puntos detonantes.

Dios puede sanar el corazón quebrantado, aquellos que están heridos en su espíritu y encerrados en cárceles de su mente y sus emociones. Mejor perdonar a todos los que le han herido que volcarlo sobre su cónyuge e hijos.

El rencor produce maldiciones, según la Biblia, ¿Por qué llevar maldiciones al matrimonio? Haga una lista de personas que le hayan herido en el pasado y perdónelos, uno a uno. Pídale a Dios que rompa cada maldición sobre usted causada por el rencor.

Ore: "Amado Jesús, ahora que he perdonado a los que han pecado contra mí, por favor rompe cada maldición de rencor que vino sobre mí por mi falta de perdón. Cuando moriste en la cruz, actuaste como mi maldición, ya que fuiste hecho maldición por mí, porque está escrito: *'Maldito todo el que es colgado en un madero'* (Gálatas 3:13). Por lo tanto, aquí declaro que toda maldición causada por mi rencor y falta de perdón queda rota en el nombre de Jesús. Amén".

Después pídale a Dios que perdone sus pecados.

# 10

# RELACIONES DAÑADAS DEL PASADO

### Empresa sin terminar

Hay un dicho que reza algo parecido a esto: Todos tenemos un pasado, pero cuando el pasado nos tiene, estamos en problemas. Hay cosas en el pasado, como malas relaciones, que pueden perseguirle el resto de su vida y afectar a sus actuales relaciones, incluyendo la que tiene con su cónyuge. La gente lleva amargura, resentimientos, rencor y enojo a sus relaciones matrimoniales, y estos sentimientos les impiden tener libertad en el Espíritu para amar a sus cónyuges.

Por ejemplo, si usted tuvo una mala relación con alguien, el enojo puede brotar inesperadamente sin causa aparente, o de una forma que obviamente es una reacción excesiva o irracional. Siempre he creído que el actual abuso conyugal o infantil es el resultado de una mala infancia en la que el actual responsable fue la víctima. Las heridas del pasado no solo afectan a sus actitudes presentes, sino que también pueden explotar hasta la superficie en forma de enojo, mal humor o abatimiento.

En este capítulo, veremos cómo los recuerdos del pasado de malos incidentes o acontecimientos, y las emociones apegadas a ellos, se pueden contener subconscientemente y a la vez influenciar la conducta exterior actual. Los recuerdos contenidos no necesariamente conllevan pecados intencionales contra usted, y por lo tanto, no siempre se resuelven perdonando. De hecho, la mayoría de las veces, estos recuerdos se olvidaron hace mucho tiempo.

## Déselo a Jesús

Una vez conocí a un pastor de unos cincuenta y cinco años. Me dijo que tenía un genio terrible y formaba pataletas en casa. Su esposa a menudo le decía que si en la iglesia supieran cómo lanzaba obscenidades y objetos, perdería todo el respeto ante ellos. A pesar de que lo había intentado de muchas maneras, no podía vencer su enojo.

Mientras me contaba esa historia, la palabra *injusto* vino a mi mente. Le pregunté al respecto y de inmediato sus ojos se pusieron rojos y llorosos. Me contó que cuando tenía seis años, su padre murió. Él era hijo único. Cuando tenía ocho, su madre se volvió a casar y después tuvo tres hijas de su padrastro. Como él era mucho mayor, su padrastro se metía siempre con él y le hacía hacer todo el trabajo de la granja. Peor aún, como sus hermanas eran chicas, él tenía que hacer todo el trabajo manual pesado. Su padrastro nunca dejaba que las chicas hicieran nada de eso, pero él tenía que levantarse a las 4:30 de la mañana para dar de comer a las vacas y sacarlas a pastar. Trabajaba largas horas; las chicas estaban de relax todo el día; pero su padrastro mimaba a las chicas y les daba todo lo que querían, mientras que él solo recibía golpes y burlas.

Odiaba a su padrastro y, en cuanto cumplió dieciocho años, se fue de casa. Nunca volvió a ver o a hablar con su padrastro o su familia desde entonces, y su padrastro había muerto hacía unos años.

Le pedí que orase y le pidiese a Jesús que entrara en la sala y se sentase en la silla enfrente de él y tomara el lugar de su padrastro. Como le estaría hablando a Jesús, no sería necromancia, y no estaría hablando con los muertos. Yo salí de la oficina. Treinta minutos después, salió de la sala con los ojos rojos y sonriendo. Dijo que le dijo a su padrastro todo a través del Señor Jesús y terminó perdonándole y pidiéndole perdón. Le dijo a su padrastro que le amaba.

El año siguiente cuando volví a visitar su país, él fue a recogerme al aeropuerto en vez de mis amigos que normalmente lo hacen. Me lo agradeció mucho. Desde el día en que le entregó a Jesús todas sus cargas respecto a su padrastro, nunca había vuelto a experimentar otro estallido de enojo. Era una persona distinta.

En otro caso, una mujer había crecido peleando constantemente con su hermanita. De adultas, llevaban más de quince años sin hablarse. Oramos y le pedimos a Jesús que se pusiera en el lugar de su hermana pequeña para que Él pudiera llevarle el mensaje. Sin intención de hacerlo, oí a la mujer decir: "Oh cariño, lo siento. Ni siquiera recuerdo por qué cosas discutíamos hace tanto tiempo. Por favor, perdóname. Yo te perdono. Te amo".

Eran en torno a las 9:30 de la noche cuando terminó la reunión. A la mañana siguiente, recibí una llamada de la mujer. Me dijo: "No se lo va a creer. Anoche llegué a casa alrededor de las diez y me di una ducha y después comí algo. El teléfono sonó en torno a las 11:00 y era mi hermana pequeña que llamaba desde Los Ángeles. Dijo: 'Oh, cariño, lo siento mucho. Ni siquiera recuerdo por qué cosas discutíamos hace tanto tiempo. Por favor perdóname. Yo te perdono. Te amo'".

En otra ocasión, una joven de unos veinte años me contó que hacía dos años, sus padres habían tenido un desagradable divorcio. Tenían solo un hijo y una hija, y ambos vivían con la madre. Ella había sido la niña bonita de su papá siempre, pero desde el divorcio, su padre nunca contactó con ella. Estaba muy dolida. Se había casado, pero su padre ni tan siquiera fue a la boda. Ahora estaba embarazada de su primer hijo y sabía que su padre sabía que estaba embarazada. Oramos y le pedimos a Jesús que entrara en la sala, se sentara en la silla enfrente de la joven, y se pusiera en lugar de su padre. Ella dijo: "Oh, papá, ¿por qué no viniste a mi boda y nunca me llamaste para preguntarme cómo estoy y cómo está mi bebé?".

A las ocho de la mañana siguiente, sonó su teléfono y era su padre. Dijo: "Siento no haber ido a tu boda. No estaba preparado para ver a tu madre. ¿Cómo estás y cómo está tu bebé?". Se reunieron para comer ese mismo día.

> Si usted tiene relaciones fracturadas, quizá su corazón también esté roto y necesite arreglar esa relación.

Si usted tiene relaciones fracturadas, quizá su corazón también esté roto y necesite arreglar esa relación. Pídale a Jesús que se siente enfrente de usted y que ocupe el lugar de la persona con la que necesita arreglar su situación. Dígale todo lo que quiera o tenga que decirle a esa persona, como si esa persona estuviera sentada enfrente de usted. Saque todo lo que tenga dentro. Llore, grite, regañe, todo lo que haya estado reteniendo. Pero no pierda el control. No tire cosas al suelo ni dé puñetazos a la pared. Después perdónele y a cambio pida perdón. Dígale que le ama y después deje que se vaya. Encontrará paz y gozo a través de Jesucristo. Él sanará sus heridas profundas y arreglará sus relaciones. Su mente no seguirá esforzándose y la amargura de su corazón desaparecerá.

En la mayoría de los casos, es imposible tener a la persona en cuestión físicamente sentada enfrente de usted permitiéndole que usted saque todo lo que ha estado reteniendo durante estos años. Entrégueselo al Señor Jesús, y Él lo tomará y sanará sus heridas y, al mismo tiempo, arreglará su relación rota.

No es justo para su cónyuge e hijos que usted albergue amargura, resentimiento y enojo por cosas del pasado. Suéltelo y entrégueselo al Señor Jesús.

*Venid a mí todos los que estáis trabajados y cargados, y yo os haré descansar. Llevad mi yugo sobre vosotros, y aprended de mí, que soy manso y humilde de corazón; y hallaréis descanso para vuestras almas; porque mi yugo es fácil, y ligera mi carga.*

(Mateo 11:28–30)

## Malos recuerdos

Cuando experimentamos algo traumático, a menudo llegamos a conclusiones o percepciones que forman actitudes subconscientes que pueden controlar nuestras actuales respuestas y conducta. Un niño pequeño puede tocar una estufa caliente y llegar a la conclusión de que no es bueno volver a tocar una estufa caliente. Ese es un resultado positivo. Por otro lado, un niño de unos cinco años puede perderse en una tienda y llegar a la conclusión de que no puede confiar en su madre. A partir de ese momento, tiene una desconfianza hacia su madre que no puede entender. Este es un resultado negativo y quizá un mal recuerdo que hay que borrar.

## Dr. Wilder Penfield

La mente humana es algo increíble. Almacena todo lo que nos ha ocurrido. Los científicos dicen que usamos menos del diez por ciento de nuestro cerebro. Una mente físicamente sana almacenará todos sus recuerdos, incluso eventos que ocurren mientras usted está dormido.

Un neurocirujano llamado Dr. Wilder Penfield, salió en el primer capítulo de uno de los libros de autoayuda éxito de ventas que se hayan publicado jamás, *I'm OK—You're OK* de Thomas Harris. La hermana de Penfield tenía ataques epilépticos y él se empeñó en descubrir una forma de controlarlos y eliminarlos. Hizo un asombroso descubrimiento mediante varios experimentos.

Con el permiso de sus pacientes, colocó nódulos eléctricos en varias partes de la corteza central del cerebro y pasó una baja corriente eléctrica a través de ellos. Para su asombro, los pacientes comenzaron a recordar eventos pasados que habían olvidado hacía mucho. Una mujer de unos cincuenta años se acordó de estar de pie en su cuna cuando tenía menos de dos años. Incluso podía oler la tarta de manzana que su tía estaba cocinando en la cocina y podía oír a su madre tocando el piano y cantando una canción. Pudo recordar las letras y cantar la melodía. No solo eso, sino que sentía las emociones de ese momento del tiempo. Tenía una sensación de bienestar y paz. Hubo otros pacientes que experimentaron la misma capacidad asombrosa de recordar eventos distantes olvidados hacía mucho que de otra manera no podían recordar conscientemente.

Los recuerdos se almacenan en su cuerpo y su mente. A veces, están conectados a ciertas áreas de su cuerpo, como su rodilla, pecho, cuello y garganta. Los masajistas me han contado que sus clientes a veces comienzan a llorar con los dolorosos recuerdos que salen a la superficie cuando se masajean determinadas partes de su cuerpo. Una persona que se lastimó una rodilla en un accidente de tráfico en la infancia quizá ve que mientras recibe un masaje en su rodilla, los recuerdos del accidente casi olvidado salen a la palestra. Junto con los recuerdos llegan las emociones y los pensamientos que están asociados con esa experiencia, como el temor.

> Las actitudes, conclusiones, acuerdos y pensamientos que se forman durante la infancia o durante un incidente traumático pueden controlar la conducta humana.

La importancia de esto es el hecho de que las actitudes, conclusiones, acuerdos y pensamientos que se forman durante la infancia o durante un incidente traumático pueden controlar la conducta humana. Estas conclusiones negativas pueden influir subconscientemente e incluso controlar nuestra conducta hacia otros. A veces, el dolor físico puede incluso surgir cuando ciertos detonantes traen de nuevo las actitudes y el trauma físico de un evento olvidado hace mucho tiempo.

Una joven me contó que no podía ir a la playa o nadar en una piscina. Tenía miedo al agua y le hacía sentir náuseas. Hice que cerrara los ojos y recreara el sentimiento de tener miedo al agua. En cuestión de segundos, comenzó a llorar mientras Dios le mostraba un evento pasado de su vida que le había producido temor. Cuando tenía cuatro años, su hermano mayor le hizo una ahogadilla mientras nadaba. Le pregunté qué pensamientos y conclusiones tuvo en ese tiempo. Ella respondió: "No acercarme a una playa o piscina. ¡Morirás!". Inmediatamente renunciamos a la mentira haciéndole repetir: "No es verdad. No moriré si me acerco a una playa o piscina. Es mentira. Puedo nadar en el océano o en una piscina". Unos años después, me encontré con su esposo, y me dijo que el temor que su esposa tenía al agua había desaparecido.

> El diablo busca oportunidades de plantar pensamientos negativos y mentiras en su mente, especialmente durante tiempos de trauma. En esos momentos de trauma, temor y estrés, el diablo introduce mentiras que afectan a nuestra conducta futura.

El diablo busca oportunidades de plantar pensamientos negativos y mentiras en su mente, especialmente durante tiempos de trauma. En esos momentos de trauma, temor y estrés, el diablo introduce mentiras que afectan a nuestra conducta futura. *"Sed sobrios, y velad; porque vuestro adversario el diablo, como león rugiente, anda alrededor buscando a quien devorar"* (1 Pedro 5:8). A él no le importa lo joven que sea una persona, y, de hecho, escoge a los jóvenes e inocentes. Las mentiras se pueden convertir en fortalezas.

*Porque las armas de nuestra milicia no son carnales, sino poderosas en Dios para la destrucción de fortalezas, derribando argumentos y toda altivez que se levanta contra el conocimiento de Dios, y llevando cautivo todo pensamiento a la obediencia a Cristo.*

(2 Corintios 10:4–5)

## Recuerdos traumáticos

Aunque la mente almacena incontables recuerdos indiscriminadamente, algunos recuerdos son más exactos y ejercen una influencia mucho mayor en nuestra conducta externa que otros. Estos recuerdos son "recuerdos nítidos" o "recuerdos primarios", y la mente los usa para protegernos.

Los recuerdos nítidos son por lo general recuerdos de eventos que conllevan (1) amenaza de muerte, o daño corporal, o la pérdida de alguien o algo muy querido o cercano a usted, y (2) incidentes de rechazo. Los eventos que causan estos recuerdos nítidos se llaman eventos traumáticos.

Los eventos traumáticos a veces se pueden explicar en términos de supervivencia. Cualquier incidente que afecte directamente a nuestra supervivencia de forma negativa es una amenaza o evento traumático. La pérdida de una mascota u objeto que usted ama y con el que se identifica mucho también puede activar un modo "supervivencia" en su mente. Por ejemplo, cuando un padre amado, familiar o mascota favorita muere, o se quema su casa, se destruye o la pierde, es un evento traumático que su mente puede percibir como una amenaza para su supervivencia o bienestar. Las reacciones a eventos traumáticos varían de persona en persona. Una persona quizá se hunde cuando muere su mascota; otra quizá solo se encoje de hombros.

Cuando experimentamos un evento traumático, nuestra mente a menudo llega a una conclusión, actitud o percepción que después forma la base para la conducta negativa, aunque algunas conclusiones y actitudes son beneficiosas. Una mujer tenía miedo a la oscuridad. Dios reveló que cuando tenía cuatro años de edad, su madre le encerró en un armario oscuro como castigo por no portarse bien.

## Mentiras del enemigo

Las actitudes, acuerdos y conclusiones negativas a menudo son mentiras del enemigo. Ministré a una mujer que quería amar a su madre pero le costaba mucho hacerlo. Mediante la oración se reveló que cuando tenía tres o cuatro años, su madre le llevó a unas rebajas en Sear y Roebuck. En la locura de las compras, ella se separó de su madre. Se empezó a asustar y lloró. Alguien la llevó al departamento de objetos perdidos, donde le dieron un cono de helado. Ella dejó de llorar y, cuando la madre llegó a recogerla veinte minutos después, estaba calmada y aparentemente tranquila. Mientras tanto, el diablo le había susurrado: *Tu madre no te quiere. Te ha abandonado. Vas a morir. No puedes confiar en ella.* Cuando ella renunció a las mentiras del diablo, su amor por su madre regresó de nuevo.

En otro caso, una pareja paquistaní llegó a vivir a Hawái. Los padres de la mujer también inmigraron y vivían a menos de una manzana de distancia; sin embargo, la esposa casi nunca les visitaba ni hablaba con ellos. Cuando le preguntamos a Dios la razón, ella se vio cuando tenía unos seis años. Aparentemente, había hecho una travesura, y su padre puso una escalera y la subió al tejado de la casa como castigo. Ella gritaba a su madre todo el día e incluso en la noche, pero nadie acudió en su socorro. Cerca de las once de la noche, su padre finalmente fue a buscarla. Para entonces, el diablo había puesto un montón de conclusiones negativas en su mente: *Tus padres te odian. Quieren que te mueras. Tu madre no te ama, porque si lo hiciera hubiera venido a rescatarte. No vuelvas a confiar jamás en ellos.*

Le dije que reprendiera las mentiras del enemigo, diciendo: "Renuncio a las mentiras del diablo. No es cierto que mis padres me odien y quieran matarme. Ellos me aman, cuidaron de mí y quieren que yo viva y sea feliz. Mi madre me ama y no me rescató porque mi padre no se lo permitía. No es cierto que no pueda confiar en ellos. Puedo confiar en ellos y amarlos". Una gran sonrisa llegó a su rostro y estaba impaciente por ir a casa a ver a sus padres. Tenía unos cincuenta años en ese entonces. Imagínese cuántos años había estado viviendo en angustia creyendo las mentiras del diablo.

## El rechazo es traumático

El rechazo es un evento traumático. Es una amenaza para el bienestar o la supervivencia de una persona, especialmente de un hijo joven. El amor y la aceptación, por el contrario, afectan a nuestra supervivencia

> Muchas vidas y personalidades se tuercen porque los padres, familiares y amigos cercanos no les aman y aceptan. Si estamos constantemente buscando amor sin encontrarlo, nos podemos volver amargados, vengativos, antisociales e incluso criminales.

de forma positiva. Un enemigo le rechaza y es una amenaza; aunque los padres, hermanos y amigos le aceptan y aman. Eso le ayuda a sobrevivir. El rechazo y la falta de perdón son las dos razones principales detrás de la delincuencia juvenil y la conducta criminal. Muchas vidas y personalidades se tuercen porque los padres, familiares y amigos cercanos no les aman y aceptan. El deseo de ser admirado y amado impulsa a casi todos, y si estamos constantemente buscando amor sin encontrarlo, nos podemos volver amargados, vengativos, antisociales e incluso criminales.

Estar atado por Satanás no está limitado a los problemas físicos. (Véase Lucas 13:16). Uno puede estar atado emocional y mentalmente por las mentiras del diablo. El diablo es un mentiroso.

> *Vosotros sois de vuestro padre el diablo, y los deseos de vuestro padre queréis hacer. El ha sido homicida desde el principio, y no ha permanecido en la verdad, porque no hay verdad en él. Cuando habla mentira, de suyo habla; porque es mentiroso, y padre de mentira.*
>
> (Juan 8:44)

Una vez que la persona se cree la mentira o incluso se pone de acuerdo con ella, puede vivir el resto de su vida sobre la base de una mentira de Satanás. Tal persona está atada por Satanás. Nuestras prisiones y matrimonios rotos están llenos de las mentiras de Satanás. A menudo, es solo la reacción natural de la mente humana. Sin embargo, también es posible que el diablo haya impuesto mentiras y conclusiones negativas en la mente y haya creado fortalezas que son difíciles de vencer. Satanás se aprovechará de las actitudes negativas y las reforzará con demonios que continúan bombardeando la mente.

## Otros ejemplos reales

Una joven sufría el mismo tipo de enfermedad todos los años, exactamente en la época de Navidad. Cuando le pedimos a Jesús que revelase qué fue lo que le ocurrió, recordó estar sentada en el salón de su casa con cinco años de edad. Vio un árbol de Navidad y a sus padres muy ocupados preparándose para una fiesta esa noche. Ella lloraba porque se les había olvidado darle la comida y finalmente vomitó en su vestido. Su tía acudió a ella, besándole y diciéndole: "Pobrecita. Se nos olvidó darte tu comida". Recibió una buena comida y un helado, y su padre le llevó a dar una vuelta en su automóvil recién comprado.

"¿Qué te dijo el diablo?", le pregunté.

"Es bueno estar enferma", respondió ella. "La gente te ama más". Renunciamos a esa mentira y, que yo sepa, nunca volvió a estar enferma en Navidad desde entonces.

Una anciana viuda se enfermaba y tenía que estar en el hospital tres o cuatro veces al año, aunque sus médicos no podían encontrar nada mal en ella. Cuando le pedimos a Jesús que nos mostrara qué ocurrió, ella recordó ir al hospital a que le quitaran sus anginas a los seis años. Durante su estancia, amigos y familiares fueron a visitarla y se sintió amada. Después, siempre que se sentía sola o que nadie la amaba, se ponía tan enferma como para tener que ir al hospital. Era la única forma de que sus hijos fueran a visitarla. Cuando renunció a la mentira, su inexplicable enfermedad desapareció. Llamé a sus cuatro hijos y les expliqué que su madre estaba sola y les necesitaba, y que deberían llamarla al menos una vez por semana.

Un hombre de unos cincuenta años tenía que llevar audífonos. Jesús le mostró que cuando tenía doce años, oyó a su padre gritarle a su madre, diciéndole cosas horribles como "prostituta". Se acordó de que en ese entonces pensó: ¡No quiero oír esto! ¡No tengo por qué oír eso! ¡No es bueno oír esto! A partir de entonces, comenzó a padecer sordera. En cuanto renunció a la mentira, su audición se normalizó. A la mañana siguiente, anunció que había desechado su audífono porque ya no lo necesitaba.

Una de mis clientes vino a mi despacho de abogados tras recibir la petición de divorcio de su marido. Le dije: "Antes de nuestra siguiente cita, quiero que piense en cualquier forma en que usted pudiera haber contribuido al divorcio". Quería rehabilitarla. Hawái es un estado de divorcio sin culpa, lo que significa que no es necesario demostrar una causa de divorcio para que lo concedan. Si una de las partes quiere un divorcio, es automático. Los únicos asuntos a resolver son los acuerdos de propiedad, la custodia de los hijos y los derechos de visita de los hijos. Aunque no podíamos detener la acción de divorcio, quizá podríamos llegar a la causa e impedir un futuro divorcio en caso de que ella se volviera a casar. Se puso furiosa tras mi petición, y dijo: "No soy yo la que provocó este divorcio. Es mi marido. Es él quien tiene una querida. ¡Yo no tengo ningún querido!".

Dos semanas después, nos volvimos a reunir y ella admitió que, al principio, se molestó por mi sugerencia. Pero cuando comenzó a pensar en ello, no podía dejar de pensar en algunos recuerdos de lo que había ocurrido durante su matrimonio. Admitió que poco después de la boda, ella descubrió que no podía aguantar a su marido. Siempre que él intentaba acercarse a ella, le apartaba y se volvía fría con él. Cuando veían la televisión por la noche, ella insistía en que él se sentara lejos de ella. "Hay muchos asientos en la sala", decía. "No tienes por qué sentarte a mi lado".

Tras un tiempo, ella le animó a que fuera a jugar a los bolos una vez por semana, luego dos veces, y después cuatro veces por semana. Se sentía mejor estando sola por la noche. Al recordar esto, comenzó a llorar. "Así es como conoció a su querida". Ella admitió que él había sido el hombre más amable que jamás había conocido. La querida de su marido incluso le llamó un día, y le dijo: "¿Estás segura de que no le quieres? Es un hombre realmente bueno".

"Sí", respondió ella, "te lo puedes quedar. No me importa".

Seguimos orando y pidiéndole a Dios que revelase qué había ocurrido en la vida de esta mujer cuando era joven para que ahora rechazara a su marido, y Jesús le mostró que cuando estaba en quinto grado, su mejor amigo de su vecindario solía ir a su casa después de cenar y jugaban juntos. Su mejor amigo después le copiaba sus deberes. Al final del año escolar, su mejor amigo ganó el premio a los mejores deberes. Ella recordó que eso le enojó mucho. Después, dijo ella: "Cuando estaba en el instituto, otra amiga me robó a mi novio".

> Siempre que llegue a su mente una mentira del diablo, tiene que renunciar a esa mentira inmediatamente, y sustituirla por la verdad.

"¿Y qué te dijo el diablo?", le pregunté.

Ella respondió: "No confíes en nadie. Lo único que quieren hacer es acercarse a ti para robarte cosas". Y comenzó a llorar.

"Eso es mentira", le dije.

Juntos, recitamos la verdad: "Puedo confiar en otras personas. Puedo confiar en Jesús. Está bien dejar que otros se acerquen a mí y me amen".

Ella lloró, y dijo: "Sé que fui yo la que provocó mi divorcio. Y ahora es demasiado tarde".

No es demasiado tarde para usted. Siempre que llegue a su mente una mentira del diablo, tiene que renunciar a esa mentira inmediatamente, y sustituirla por la verdad.

## La anorexia nerviosa es sanada

Una niña de doce años en Malasia se estaba muriendo debido a una anorexia nerviosa. No había comido alimentos sólidos en dos años. Estaba tan enferma que el único alimento que podía tolerar eran los líquidos o un trozo de pan mojado en leche. Su cabello oscuro se había vuelto marrón claro por la malnutrición. Cuando la vi por primera vez, estaba tumbada en el piso, con su cabeza en el regazo de su madre. Los doctores le dieron solo unos meses de vida. Parecía una prisionera de los campos de concentración de la Segunda Guerra Mundial. Piel y huesos, codos y rodillas.

Sus padres dijeron que cuando la niña tenía dos años, se la entregaron a su abuela materna para que la criase, porque ellos no se podían permitir un quinto hijo. Su padre había ido a Indonesia a buscar trabajo.

Al orar, Jesús le llevó de regreso a cuando ella tenía cuatro años. Se vio sentada en una mesa de comer en la cocina. Su abuela le dijo: "Eres una cerda gorda. Comes demasiado. Tus padres te enviaron conmigo porque comes demasiado". Cuando cumplió diez años, su padre regresó de Indonesia y pudieron tomarla de nuevo en su casa. Pero a partir de ese momento, no pudo volver a comer.

"¿Qué te dijo el diablo?", pregunté.

A través de un intérprete, respondió: "Si mis padres alguna vez vienen a buscarme para llevarme con ellos, no comeré porque si no me abandonarán".

"Es una mentira", dije.

Hice que sus padres le dijeran que eso no era cierto, que podía comer todo lo que quisiera, y que nunca más la volverían a dejar. Renunciamos a las mentiras del diablo.

Cuando regresé una hora después, durante un receso de una clase, ella estaba en la cafetería del instituto bíblico comiendo por primera vez en dos años. Cuando regresé un año después, el pastor que me invitó me dijo que la joven comía ahora normalmente y tenía tanta energía, que a menudo barría y fregaba el piso a la una de la mañana. Sus padres vinieron con ella a verme y recalcaron que lo único que no podía comer era el pollo. Oramos y le pedimos a Jesús que nos diera la razón. Resultó que cuando su abuela materna le había dicho esos comentarios tan desagradables diciéndole que era una cerda gorda, había estado comiendo pollo. Renunciamos a las mentiras del diablo una vez más y declaramos que le era permisible comer pollo. Esa misma noche me enteré de que había vuelto a comer pollo.

Un año después, regresé a Malasia oriental. Mi pastor anfitrión nos recogió a mi esposa y a mí en un hotel y, de camino a la iglesia, nos detuvimos para recoger a alguien más. Había tres jovencitas en la puerta principal. Eran todas altas y tenían un cabello negro muy largo. La que estaba en el medio seguía saludándome con mucha energía.

"Sabe quién es, ¿verdad?", me preguntó mi anfitrión.

"No", respondí.

"Es la niña que casi se muere de anorexia".

## Los demonios son espíritus mentirosos

Cuando alguien se pone de acuerdo con las mentiras que el enemigo plantó en su mente, se abre una puerta que permite que entren espíritus malignos. Ha habido varios casos en los que, en cuanto se renuncia a las mentiras y se verbaliza la verdad, los demonios salen inmediatamente. Todo esto ocurre sin ninguna intención o acción por mi parte de echar fuera esos demonios.

Hace años, en Labasa, Fiyi, estaba enseñando en una congregación de unas doscientas personas y toqué el tema de los recuerdos dolorosos y reprimidos. Pregunté si alguien tenía un problema recurrente y deseaba orar por ello. Una mujer de unos cuarenta años se acercó a la plataforma y contó que había estado casada con un hombre maravilloso durante casi quince años. Pero de algún modo, raras veces veía que podía permitir que su marido la tocase o tuviera intimidad con ella. Intentaba con todas sus fuerzas ser una buena esposa, pero no podía vencer esta área. Le hizo sentir pena por su esposo.

> Cuando alguien se pone de acuerdo con las mentiras que el enemigo plantó en su mente, se abre una puerta que permite que entren espíritus malignos.

Le dije que cerrase sus ojos y orase conmigo, pidiéndole a Dios que le mostrara qué había ocurrido cuando era joven que provocó este

> Varias personas me han dicho que tienen pocos o ningún recuerdo de su infancia. Los recuerdos de rechazo de un padre o padres son tan dolorosos que sus mentes han suprimido casi todos los recuerdos de su infancia.

problema. Casi al instante dijo que cuando tenía doce años, su padrastro había abusado sexualmente de ella. Le pregunté qué era lo que le había dicho este incidente. "Odia a todos los hombres. No dejes que se acerquen a ti. Lo único que quieren es forzarte, abusar de ti y humillarte". Renunciamos a las mentiras del enemigo.

Le dije que orase así: "No es cierto que todos los hombres quieren abusar sexualmente de mí y humillarme. No es cierto que no puedo confiar en los hombres. Amo a Jesús, y Él fue un hombre. Renuncio a las mentiras del diablo. Es adecuado amar a mi esposo y entregarme a él íntimamente. Está bien que él me corresponda amándome. Amo a mi esposo y quiero entregarme a él con libertad".

Casi en cuanto dijo "Amén", comenzó a toser y a dar arcadas mientras los espíritus mentirosos salían revolcándose de ella, espíritus de rechazo, vergüenza, temor, odio a los hombres, desconfianza de los hombres, y otros semejantes. No hubo intención alguna por mi parte de echar fuera demonios. Ellos salieron automáticamente cuando ella renunció a sus mentiras.

## Cómo deshacerse de los malos recuerdos

Tras renunciar a las mentiras del diablo, ore y pida al Señor Jesucristo que ayude a su mente consciente a recordar lo que le ocurrió en su infancia que provocó que experimentase sentimientos de rechazo, desconfianza, enojo, ira o lo que sea que le tiene atado. Después, mantenga sus ojos cerrados y permita que Dios se lo revele. A veces, un evento puntual de su pasado vendrá a su mente al instante. En otros casos, puede tardar una cuantas sesiones; a fin de cuentas, su mente ha reprimido los recuerdos dolorosos durante años para vencer esa herida. Estas cosas puede que no salgan voluntariamente.

Varias personas me han dicho que tienen pocos o ningún recuerdo de su infancia. Los recuerdos de rechazo de un padre o padres son tan dolorosos que sus mentes han suprimido casi todos los recuerdos de su infancia. Invariablemente, sin embargo, Dios traerá recuerdos al frente. Deje que todos sus pensamientos y emociones salgan a la superficie, pero manténgase en control. No tiene que comenzar a gritar, jurar o tirar las cosas por los aires.

Repase todos los recuerdos desde el principio hasta el final. Haga las siguientes preguntas:

¿En qué momento del día fue?

¿Dónde ocurrió?

¿Qué estaba usted haciendo?

¿Quién más estaba ahí?

¿Qué se decía o hacía?

¿Qué dijo o hizo la otra persona?

¿Qué dijo o hizo usted?

¿Qué se le pasó por su mente?

Vaya paso a paso, momento a momento, por los recuerdos. No describa las emociones, solo los eventos. Por ejemplo, refrénese de decir: "Ella estaba enojada", o "Ella me odiaba". Tan solo quédese con los eventos físicos según ocurrieron y lo que se hizo o dijo.

Termine los recuerdos y luego abra sus ojos. Después de unos segundos o más, cierre sus ojos y ore. Pídale a Dios que limpie el recuerdo.

Mantenga sus ojos cerrados y realice todo el proceso otra vez. Repase el recuerdo, paso a paso. Encontrará que ha comenzado a desaparecer. Vuelva a repasarlo una tercera vez y luego una cuarta, hasta que descubra que le cuesta trabajo recordarlo.

¿Por qué desaparece? Nadie lo sabe realmente, pero parece que no hay razón para que la mente almacene el recuerdo con toda su energía e intensidad original cuando ya no representa una amenaza para el bienestar o la supervivencia de uno. Las mentiras del diablo se cortan del recuerdo, y las luces rojas intermitentes se han ido cuando el recuerdo se vuelve como los demás incidentes y recuerdos benignos de su vida. Las conclusiones, mentiras y emociones negativas desaparecerán junto con el recuerdo.

Es vital que entienda que nada ocurre sin Dios. Él es el que hace el cerebro y la mente, y Él es el sanador del cerebro y de la mente. Los demonios huyen por la presencia y la unción de Dios. Es el Señor quien se llevará los recuerdos dolorosos, junto con las heridas.

## Pídale a Jesús que entre en el recuerdo

> Jesús es Dios, y por lo tanto, es omnipresente. Es decir, el Señor está en todo lugar a la vez. Él estaba ahí cuando usted experimentó rechazo y dolor. Regrese a su mal recuerdo y busque a Jesús.

Si el recuerdo es particularmente amargo y gráfico, puede ser útil añadir otro aspecto al proceso. Jesús es Dios, y por lo tanto, es omnipresente. Es decir, el Señor está en todo lugar a la vez. Él estaba ahí cuando usted experimentó rechazo y dolor. Regrese a su mal recuerdo y busque a Jesús. Quizá aparezca en forma humana o como una luz o presencia. Búsquele en su recuerdo. Él estaba llorando por usted y amándole mientras ocurría el mal incidente. Búsquele, y cuando le encuentre, corra a sus brazos y deje que le abrace y le apriete fuerte. Sienta su amor, y óigale decir: "Te amo. Te protegeré. Entrégame tus cicatrices".

A veces, pido al cónyuge o amigo de la persona, o incluso a un miembro de la iglesia, que abrace a la persona y diga: "Jesús te ama. Deja que Él lleve tus cargas".

Después, quizá vea que el recuerdo doloroso se ha convertido en uno bueno, y que las mentiras del enemigo han sido expulsadas.

## Una advertencia

Si usted ha estado yendo a un psicólogo o psiquiatra, no intente hacer lo anterior sin la guía de un pastor o cristiano con experiencia en esta área. La esquizofrenia, trastornos bipolares y paranoia, especialmente en casos en que una persona ya ha sido clínicamente diagnosticada de tales trastornos, podría necesitar manejarse desde un enfoque espiritual distinto que requiera formación especial y conocimiento que solo Dios puede dar. Libros como *The Rules of Engagement* y *I Give You Authority*, por Charles Kraft, *Victoria sobre la oscuridad*, del Dr. Neil Andeson, y *Cerdos en la sala* de Frank e Ida Mae Hammond pueden darle más detalles y guía acerca de asuntos de liberación espiritual. Este libro está dirigido a asuntos acerca del matrimonio, y no tiene la intención de ser una guía para una sanidad espiritual profunda para los quebrantados y pobres de espíritu.

## Resumen

Cuando una persona tiene relaciones rotas, especialmente con padres y hermanos, la herida, el odio y el resentimiento causados por estas relaciones quebradas pueden llevarse al matrimonio. Las emociones y los malos recuerdos que estos eventos crearon pueden producir mal humor, depresión y estallidos inesperados o inexplicables de enojo y amargura. En vez de aceptar estas situaciones como desesperanza, busque la sanidad del Señor Jesús del corazón y del espíritu, entregándole sus heridas y malos recuerdos. Pídale que esté en el lugar de la persona que le hirió, ya sea que esté viva o muerta. Hable con la persona, a través de Jesús, y enmiende las cosas.

Los malos recuerdos de eventos traumáticos por lo general crean sentimiento de rechazo personal. Nuestro Señor Jesús nos dijo que pusiéramos sobre Él nuestras cargas para que Él pudiera darnos descanso para nuestra alma. Renuncie siempre a una mentira del enemigo en cuanto la detecte. Dele la vuelta a la mentira reconociendo la verdad. Pida a Dios que le revele malos recuerdos que hayan residido en su mente subconsciente. Permítale recordarlos por usted, paso a paso. Pídale que limpie esos pensamientos dolorosos. Después observe cómo desaparecen. Cuando el Espíritu Santo se lo muestre, vaya a esos malos recuerdos y busque al Señor Jesús. Él estaba allí. Deje que Él le abrace. Sienta su amor y protección.

# 11

# CÓMO LUCHAR EN
# EL MATRIMONIO

Ahora las cosas van a ser un poco más complicadas porque, durante siglos, la iglesia ha sido negligente con la guerra espiritual entre el reino de la luz y el reino de las tinieblas.

> *Mi pueblo fue destruido, porque le faltó conocimiento. Por cuanto desechaste el conocimiento, yo te echaré del sacerdocio; y porque olvidaste la ley de tu Dios, también yo me olvidaré de tus hijos.*
>
> (Oseas 4:6)

No es que el conocimiento de cosas más profundas no esté disponible. Echar fuera demonios, hablar en lenguas, sanar a los enfermos y resucitar a los muertos siempre ha sido parte de la iglesia remanente de Dios. Quienes no las han perseguido se han excusado, razonando que estas cosas ya no son necesarias, porque la iglesia ya es madura y perfecta ante los ojos de Dios.

El escritor del libro de Hebreos lamentaba que muchos cristianos se quedan bebés espirituales toda su vida.

> *Porque debiendo ser ya maestros, después de tanto tiempo, tenéis necesidad de que se os vuelva a enseñar cuáles son los primeros rudimentos de las palabras de Dios; y habéis llegado a ser tales que tenéis necesidad de leche, y no de alimento sólido. Y todo aquel que participa de la leche es inexperto en la palabra de justicia, porque es niño; pero el alimento sólido es para los que han alcanzado madurez, para los que por el uso tienen los sentidos ejercitados en el discernimiento del bien y del mal.* (Hebreos 5:12–14)

Es comprensible que las seis verdades fundamentales contenidas en Hebreos 6:1–2 se deban enseñar; sin embargo, la iglesia no se debe quedar en ellas en cuanto a la madurez espiritual en Cristo. La mayoría de las iglesias, sin embargo, acampar alrededor de la cruz de Jesús y lo que Él hizo por nosotros sin explorar nuestro papel como cristianos maduros. El apóstol Pablo y otros apóstoles nos enseñaron a avanzar en el Espíritu.

La norma para todos los creyentes sigue siendo: "*Y estas señales seguirán a los que creen: En mi nombre echarán fuera demonios; hablarán nuevas lenguas; tomarán en las manos serpientes, y si bebieren cosa mortífera, no les hará daño; sobre los enfermos pondrán sus manos, y sanarán*" (Marcos 16:17–18). Si usted no está echando fuera demonios, hablando en lenguas o imponiendo manos sobre los enfermos para que se recuperen, aún es un bebé en Cristo. Millones de cristianos en la tierra hoy día están haciendo exactamente lo que dice Marcos 16:17–18. Usted tiene que estar en ese grupo.

El apóstol Pablo dijo que cuando nacemos de nuevo, se colocó en nosotros una fianza del Espíritu de Dios. Es solo una diminuta parte de su Espíritu, y no la plenitud del mismo. A medida que maduramos espiritualmente, su Espíritu crece en nosotros hasta que brillamos como la estrella de la mañana. *"Es Dios quien nos capacita, junto con ustedes, para estar firmes por Cristo. Él nos comisionó y nos identificó como suyos al poner al Espíritu Santo en nuestro corazón como un anticipo que garantiza todo lo que él nos prometió"* (2 Corintios 1:21–22, NTV). En términos inmobiliarios, un "anticipo monetario" es una pequeña cantidad del precio de venta que ha puesto el vendedor junto con una oferta auténtica de compra. Se da una entrada mayor cuando el vendedor acepta la oferta del comprador. Después se completa el pago cuando se entregan las escrituras a nombre del nuevo propietario en el cierre de la transacción que se realiza en la inmobiliaria.

> La Biblia es clara en que Jesús echó fuera demonios y mandó a sus discípulos que echaran fuera demonios muchas veces. No estaba contando cuentos de hadas. Estaba exponiendo a nuestro verdadero enemigo, nuestro adversario el diablo y su reino.

Cuando nacemos de nuevo del Espíritu, recibimos una pequeña porción de su Espíritu. Según buscamos a Dios y las cosas espirituales, la luz en nosotros se hace cada vez más fuerte en el mundo espiritual, hasta que un día, brillamos como la estrella de la mañana. *"Tenemos también la palabra profética más segura, a la cual hacéis bien en estar atentos como a una antorcha que alumbra en lugar oscuro, hasta que el día esclarezca y el lucero de la mañana salga en vuestros corazones"* (2 Pedro 1:19).

La Biblia es clara en que Jesús echó fuera demonios y mandó a sus discípulos que echaran fuera demonios muchas veces. No estaba contando cuentos de hadas. Estaba exponiendo a nuestro verdadero enemigo, nuestro adversario el diablo y su reino. (Véase 1 Pedro 5:8). Jesús no es un mentiroso. Él es el Camino, y la Verdad y la Vida. (Véase Juan 14:6).

No tengo la intención de insultarle o sugerir que usted es de algún modo inferior. Mi deseo es que su matrimonio se convierta en una experiencia maravillosa y que dure "hasta que la muerte nos separe". Oro para que no se ahogue con la carne.

Oro…

*para que el Dios de nuestro Señor Jesucristo, el Padre de gloria, os dé espíritu de sabiduría y de revelación en el conocimiento de él, alumbrando los ojos de vuestro entendimiento, para que sepáis cuál es la esperanza a que él os ha llamado, y cuáles las riquezas de la gloria de su herencia en los santos, y cuál la supereminente grandeza de su poder para con nosotros los que creemos, según la operación del poder de su fuerza.* (Efesios 1:17–19)

## ¡Satanás, y no su cónyuge, es su verdadero adversario!

Satanás no quiere que su matrimonio tenga éxito. Él ha mandado a espíritus malignos, hombres fuertes de discordia, celos, disensión, odio, resentimiento, adulterio, pobreza y malentendidos para hacerle tropezar y destruir su matrimonio. Usted está bajo un ataque espiritual.

> Satanás odia su matrimonio. Constantemente ataca matrimonios cristianos, sea usted consciente o no de ello.

El apóstol Pablo dijo: "*Porque no tenemos lucha contra sangre y carne, sino contra principados, contra potestades, contra los gobernadores de las tinieblas de este siglo, contra huestes espirituales de maldad en las regiones celestes*" (Efesios 6:12). Usted no está luchando contra su cónyuge; está luchando contra poderes demoniacos que están ejerciendo influencia sobre usted y su cónyuge. Satanás odia su matrimonio. Constantemente ataca matrimonios cristianos, sea usted consciente o no de ello. Él oprime y suprime a los cónyuges y a sus hijos todo el tiempo para causar discordia, insatisfacción y rencor.

El hecho de que el índice de divorcio de cristianos evangélicos esté cerca del de el público en general es evidencia de esta lucha entre el reino de Satanás y el reino de la luz. La frase del apóstol Pablo en Efesios 6:12 no es una opinión. Es la verdad. Si no está luchando y resistiendo a los espíritus malignos que están atacando su matrimonio y a sus hijos, está perdiendo.

Satanás atacó al Señor Jesús desde el comienzo de su ministerio. (Véase Mateo 4:3–11). Él atacó a Pedro en presencia de Jesús: *"Entonces Pedro, tomándolo aparte, comenzó a reconvenirle, diciendo: Señor, ten compasión de ti; en ninguna manera esto te acontezca. Pero él, volviéndose, dijo a Pedro: ¡Quítate de delante de mí, Satanás!; me eres tropiezo, porque no pones la mira en las cosas de Dios, sino en las de los hombres"* (Mateo 16:22–23).

Después, Satanás entró en Judas y le guió a traicionar al Señor. (Véase Lucas 22:3).

## Saque al diablo de su matrimonio

Jesús reconoció que Satanás es el príncipe o gobernante de este mundo por ahora. *"No hablaré ya mucho con vosotros; porque viene el príncipe de este mundo, y él nada tiene en mí"* (Juan 14:30). Los apóstoles también reconocieron que el reino de Satanás gobierna el mundo presente.

Satanás nombra a hombres fuertes, espíritus gobernantes, sobre todo país, área, iglesia, familia, individuo y matrimonio. Disensión, discordia, enojo, amargura, odio, rencor y resentimiento son espíritus malignos. Satanás señala príncipes para reinar sobre cada área geográfica, país, ciudad, pueblo, aldea, familia, matrimonio e individuo. Algunas áreas están gobernadas por hombres fuertes de asesinato y violencia; otras áreas están gobernadas por la perversión sexual, áreas como Sodoma y Gomorra y ahora América. Algunos países están gobernados por espíritus de brujería, enfermedad, muerte, pobreza, orgullo y violencia. Algunas áreas tienen varios hombres fuertes reinando sobre ellas.

Estos hombres fuertes gobiernan desde tronos en los cielos, la atmósfera alrededor de la tierra. Por eso a Satanás se le llama el príncipe de la potestad del aire. *"Y él os dio vida a vosotros, cuando estabais muertos en vuestros delitos y pecados, en los cuales anduvisteis en otro tiempo, siguiendo la corriente de este mundo, conforme al príncipe de la potestad del aire, el espíritu que ahora opera en los hijos de desobediencia*" (Efesios 2:1–2).

## Poder para atar y desatar

El Señor Jesús nos enseñó que para poder vencer a los hombres fuertes de Satanás, primero debemos atarlos. "*Porque ¿cómo puede alguno entrar en la casa del hombre fuerte, y saquear sus bienes, si primero no le ata? Y entonces podrá saquear su casa*" (Mateo 12:29; véase también Marcos 3:27; Lucas 11:21). Esto significa que para hacer guerra eficazmente contra el reino de Satanás, usted debe atar a los hombres fuertes, o espíritus gobernantes, que tienen control sobre el área o la persona.

Mi hija se graduó de la escuela de derecho y firmó un contrato de un año con un juez. Cada noche, llegaba a casa llorando, angustiada porque las mujeres de su oficina hablaban a sus espaldas, criticándola incesantemente y buscando faltas en todo lo que hacía. No importaba lo que hiciese, siempre la trataban como la idiota de la aldea. Estaba de pie enfrente de la oficina del juez, sabiendo que al otro lado de la puerta ellas estaban hablando de ella. Cuando abría la puerta, la conversación se terminaba de repente, y siempre una o dos mujeres tenían la boca abierta.

Finalmente, un domingo, uno de los miembros de nuestra iglesia le preguntó a mi hija si había orado para atar a los espíritus gobernantes de Satanás que estaban luchando contra ella. (Me preguntaba por qué no se me había ocurrido a mí primero). El lunes, ella llegó a casa del trabajo sonriendo y con buen humor.

"¿Cómo te fue el día?", le pregunté.

"¡Genial!", respondió ella.

Me contó que comenzó a atar a los espíritus de celos, discordia y demás, en cuanto estacionó el automóvil, de camino a la oficina e incluso mientras estaba de pie al otro lado de la puerta de la oficina. El cambio fue tan drástico que en cuestión de semanas, ella era parte de la "pandilla". Cuando se terminó su contrato, en la oficina le hicieron una gran fiesta y le desearon sinceramente que le fuera bien. Decoraron con globos, le dieron regalos y tarjetas de "te extrañaremos".

Aprendió una verdad importante: Satanás asigna hombres fuertes para resistirle en el trabajo y en el matrimonio. Su enemigo no son sus compañeros de trabajo o su cónyuge. A veces, puede parecer que usted es su peor enemigo, pero por lo general, es el diablo.

> Satanás asigna hombres fuertes para resistirle en el trabajo y en el matrimonio. Su enemigo no son sus compañeros de trabajo o su cónyuge.

## Poder para usted, también

Todos los cristianos tienen el poder y la autoridad de atar espíritus malignos y liberar a los cautivos. *"Y a ti te daré las llaves del reino de los cielos; y todo lo que atares en la tierra será atado en los cielos; y todo lo que desatares en la tierra será desatado en los cielos"* (Mateo 16:19; véase también Mateo 18:18). Ore para atar a los poderes demoniacos que están intentando causar división y discordia en su matrimonio. Aprenda cómo atar a los espíritus gobernantes u hombres fuertes de Satanás.

Ore como sigue:

La Palabra de Dios dice que todo lo que ate en la tierra será atado en el cielo, y todo lo que desate en la tierra será desatado en el cielo. Vengo en contra del hombre fuerte de la discordia matrimonial y (diga el ataque en concreto) en el nombre de Jesús, y te ordeno que salgas a la luz. En el nombre de Jesús, te ato con cadenas del cielo. Te ato de manos y pies, y corto tus cuerdas, en el nombre de Jesús. Eres un enemigo derrotado. Jesús te derrota. Él expuso a los principados y los exhibió públicamente, triunfando sobre ellos. Te ordeno que dejes de molestarme a mí y a mi familia. Desato nuestras almas de su opresión y control. ¡Vete, en el nombre de Jesús!

Esta es solo una oración modelo. Busque al Espíritu Santo y Él revelará por qué orar y cómo orar. Es la unción del Espíritu lo que ata y desata, y libera a usted y a su familia de los enrevesados trucos de Satanás.

Atar al enemigo es un privilegio dado por Dios a todos los creyentes en Jesucristo.

> *Exalten a Dios con sus gargantas, y espadas de dos filos en sus manos, para ejecutar venganza entre las naciones, y castigo entre los pueblos; para aprisionar a sus reyes con grillos, y a sus nobles con cadenas de hierro; para ejecutar en ellos el juicio decretado; gloria será esto para todos sus santos. Aleluya.* (Salmos 149:6–9)

Atar a los demonios de Satanás es la clave para el reino de Dios. Estamos en guerra contra el reino de las tinieblas. La ignorancia no es excusa.

Dios habita en las alabanzas de su pueblo. Alabe a Dios en todo tiempo, y la presencia del Señor estará con usted y con su familia. La espada de doble filo en su mano es la Biblia. La espada del Espíritu es la Palabra de Dios. (Véase Efesios 6:17).

Atar a los demonios de Satanás es la clave para el reino de Dios. (Véase Mateo 16:19). Estamos en guerra contra el reino de las tinieblas. La ignorancia no es excusa.

## Luchar por su matrimonio

¿Quién o qué es el hombre fuerte o el espíritu gobernador que controla su matrimonio? ¿Es la desconfianza? ¿La santurronería? ¿El rechazo? ¿Orgullo? ¿Enojo? ¿Los espíritus de Jezabel y Acab? ¿Son los celos o la falta de finanzas?

Ore, y Dios se lo revelará, aunque probablemente usted ya conoce a la mayoría. Podrían ser más de uno. Los demonios por lo general trabajan en un nido en el que uno o dos de ellos actúan como cañones principales.

## Abominaciones en la casa

*"Y no traerás cosa abominable a tu casa, para que no seas anatema; del todo la aborrecerás y la abominarás, porque es anatema"* (Deuteronomio 7:26). Si usted lleva un objeto maldito a su casa, traerá maldiciones con ello a su casa e invitará a espíritus malignos y fantasmas. Es una abominación para Dios y puede tener como resultado enfermedades, contratiempos, visitantes nocturnos y atadura. Deshágase de los objetos malditos y arrepiéntase delante de Dios.

Los objetos malditos incluyen artículos de ocultismo; hexagramas, símbolos satánicos u otros artículos usados en brujería; ídolos, como al aumakua hawaiano; juegos como Dragones y Mazmorras y la guija; amuletos de la suerte; pornografía; libros ocultos, como *I Ching*; pitufos y muñecas repollo; rocas adornadas; obras de arte ocultistas; altares; emblemas de logias masónicas; estatuas de buda, kwan yin o Shiva; imágenes de ranas (Apocalipsis 16:13), búhos (Isaías 13:21; Deuteronomio 14:15, 16), tiburones, lagartos y serpientes.

Siempre que Dios nos permite limpiar una casa, lo primero que hacemos es repasar las instalaciones y tirar cualquier objeto maldito. La gente se ha enfermado debido a objetos malditos. Una mujer de Vancouver, Canadá, afirmó que siempre que llega a Hawái, puede dormir durante diez horas seguidas. Pero en casa, no podía dormir más de una hora o así. Mientras hablaba, el Señor me dio una visión de un cuadro con un dragón de nácar con un fondo de terciopelo negro. Resultó ser que la mujer era originaria de Corea, y dos años antes, durante una visita a casa, había comprado un cuadro de un dragón hecho con nácar en un fondo de terciopelo negro. Colgaba justo encima de su cabecero en Canadá. En cuanto se deshizo del cuadro, sus hábitos de sueño regresaron a la normalidad. Los demonios habían estado molestándola por ese objeto maldito.

En otro caso, un pastor estaba en casa solo cuando oyó ruidos en el cuarto de su hija. Atravesó el pasillo, se detuvo enfrente de la puerta cerrada y oía voces, como si hubiera dentro una fiesta. Abrió de repente la puerta y encendió la luz. En la cama de su hija, había unas cuarenta o cincuenta muñecas mirándole fijamente. Tomó las muñecas, las puso en un montón en el jardín, vertió gasolina sobre ellas, y encendió una cerilla. Mientras se quemaban las muñecas, podía oír gritos. La Biblia habla de brujas que usan estatuas o muñecas para hechizar a personas y cazarles para matarles:

> *Y tú, hijo de hombre, pon tu rostro contra las hijas de tu pueblo que profetizan de su propio corazón, y profetiza contra ellas, y di: Así ha dicho Jehová el Señor: ¡Ay de aquellas que cosen vendas mágicas para todas las manos, y hacen velos mágicos para la cabeza de toda edad, para cazar las almas! ¿Habéis de cazar las almas de mi pueblo, para mantener así vuestra propia vida?¿Y habéis de profanarme entre mi pueblo por puñados de cebada y por pedazos de pan, matando a las personas que no deben morir, y dando vida a las personas que no deben vivir, mintiendo a mi pueblo que escucha la mentira? Por tanto, así ha dicho Jehová el Señor: He aquí yo estoy contra vuestras vendas mágicas, con que cazáis las almas al vuelo; yo las libraré de vuestras manos, y soltaré para que vuelen como aves las almas que vosotras cazáis volando. Romperé asimismo vuestros velos mágicos, y libraré a mi pueblo de vuestra mano, y no estarán más como presa en vuestra mano; y sabréis que yo soy Jehová.*
>
> (Ezequiel 13:17–21)

Cuando estaba en México hace unos años, un joven de unos treinta y seis años llegó a mí en una silla de ruedas. Hacía veinte años que no hablaba y no podía funcionar, ni física ni mentalmente. Su hermana compartió que cuando tenía dieciséis años, salió con sus amigos y regresó pasadas las tres de la madrugada. Su cabeza estaba afeitada y no se podía comunicar. Mientras ella relataba el incidente, el Señor trajo a mi mente el pasaje de arriba de Ezequiel: "*Y di: Así ha dicho Jehová el Señor: ¡Ay de aquellas que cosen vendas mágicas para todas las manos, y hacen velos mágicos para la cabeza de toda edad, para cazar las almas! ¿Habéis de cazar las almas de mi pueblo, para mantener así vuestra propia vida?*".

Yo dije: "Las brujas robaron su alma". Después, oré y le pedí a Dios que enviara todos los ángeles que fueran necesarios para ir y recuperar las partes del alma de este joven que habían sido robadas. Oré para que los ángeles las trajeran rápidamente, las pusieran en su debido orden y les devolvieran la vida.

El joven inmediatamente se puso de pie y comenzó a hablar en español. Después de veinte años de silencio, su habla regresó y pudo volver a funcionar con normalidad. La esposa del pastor le llevó a Jesucristo en cuestión de minutos.

Una joven que era mitad hawaiana vino a nuestra iglesia y se sentó en la fila del frente. Después de la reunión, expresó que deseaba liberación. Explicó que había conocido a un marinero maravilloso en la marina de los Estados Unidos, que había estado destinado en Hawái para dos años. Se enamoraron y querían casarse y mudarse a la casa de los padres de él en Florida. Ella expresó que temía que él descubriera el hecho de que su terrible mal humor a veces le hacía tener rabietas en las que rompía platos y espejos. Realmente estaba enamorada de ese hombre, pero temía que su enojo arruinara la relación.

Mientras hablaba, tuve una visión de un tiburón. Le pregunté: "¿Qué significa este tiburón que veo en su casa?".

Ella se sorprendió, y respondió: "Es el aumakua de mi familia" (un dios familiar hawaiano).

"¿Cuál es?".

"Es el cuadro de un tiburón que tengo en mi habitación".

Le dije: "Deshágase de él. Está trayendo maldiciones a su familia".

Ella se arrepintió y destruyó el cuadro del tiburón cuando fue a su casa. Después pudimos echar fuera de ella a los demonios. Sus pataletas de enojo nunca regresaron, y la última vez que supe de ella, estaba casada y vivía en Florida.

> A veces una persona no puede ser liberada porque hay cosas en la casa que le mantienen atado. Mientras el artículo esté ahí, los demonios tienen el derecho de oprimir y no pueden ser expulsados.

Si no está seguro de algún objeto, ore al respecto. Sin embargo, es mejor estar a salvo que lamentarlo. Tírelo. A veces una persona no puede ser liberada porque hay cosas en la casa que le mantienen atado. Mientras el artículo esté ahí, los demonios tienen el derecho de oprimir y no pueden ser expulsados. No se limite a guardarlos en el garaje ni intente orar por ellos. Arrepiéntase y deshágase de ellos.

Nuestros miembros han limpiado muchas "casas encantadas" y a menudo descubren que cuando se limpia la casa de objetos malditos, los fantasmas y espíritus malignos se van.

## Juegos de computadora

Los juegos de computadora y la pornografía también pueden traer maldiciones. Hace algún tiempo, hablé en una reunión de oración por la mañana temprano. Tras la reunión, una pareja de unos cincuenta años se acercó a mí. El marido estaba encorvado y arrastraba los pies mientras se acercaban a mí.

"¿Cuándo comenzó esto?", pregunté.

La esposa miró a su marido y dijo: "Hace unos cinco años. Fue cuando te compraste la computadora, ¿recuerdas?".

Ella contaba que su marido jugaba a Dragones y Mazmorras hasta altas horas de la madrugada y, al poco tiempo, se enfermó.

Se arrepintió de su adicción y por llevar maldiciones a su casa mediante la computadora. Dragones y Mazmorras, y muchos otros juegos de computadora, tratan con brujería, ya que se puede elegir jugar a ser varios seres sobrenaturales, incluyendo poderosas brujas, hechiceros, adivinos y demonios. Muchos niños juegan a estos juegos, sin saber que esto puede afectar a su mente y traer maldiciones sobre ellos y sus familias.

Hace muchos años, la película de dibujos animados ¿Quién engañó a Roger Rabbit? tenía una carrera de automóviles. Cuando el ganador cruzó la línea de meta, una bandera a cuadros blancos y negros salía en la pantalla. Las brujas y el ocultismo a menudo usan una bandera a cuadros blancos y negros para abrir las almas de las personas y poner demonios en sus mentes.

Este artículo se puede encontrar aún en la página web de CNN.com:

## *La enfermedad basada en dibujos animados desconcierta a Japón*

17 de diciembre de 1997

TOKIO (CNN) — Una cadena de televisión japonesa llamó a doctores, psicólogos y expertos en animación para averiguar por qué unos populares dibujos animados provocaron crisis en cientos de niños en toda la nación.

Más de 700 personas, principalmente niños en edad escolar, fueron llevados a hospitales el martes después de sufrir convulsiones, vómitos, ojos irritados y otros síntomas después de ver "Pokemon", unos populares dibujos animados basados en un video juego de Nintendo "Pocket Monsters".

Doscientas personas, de entre 3 y 58 años, estaban aún en el hospital el miércoles con síntomas epilépticos a más de 24 horas después del programa, dijo el ministro de asuntos internos.

La cadena dijo que planea cancelar el programa de la semana que viene si la causa de este incidente sigue siendo incierta.

El programa es el más visto de Japón en su franja horaria de las 6:30 de la tarde. El episodio del martes, "Computer Warrior Porigon", emitía personajes que luchaban entre sí dentro de una computadora.

La mayoría de los niños desarrollaron los síntomas unos 20 minutos después del comienzo del programa cuando salió una escena que reflejaba una "bomba de la vacuna contra la gripe" que se disponía a destruir un virus de la computadora. Fue seguida de cinco segundos de un resplandor rojo en los ojos de "Pikachu", una criatura parecida a un ratón que es el personaje más popular de la serie.

Otros niños fueron afectados después, mientras veían partes de la escena en reportajes de noticias de la televisión sobre las anteriores víctimas.[8]

8. CNN.com, http://www.cnn.com/WORLD/9712/17/japan.cartoon/ (consultado en línea el 19 noviembre de 2014).

No menosprecie la astucia de Satanás cuando intenta controlar la mente de los seres humanos en el mundo. Él trabaja duro en este momento, engañando al mundo y destruyendo la iglesia y a todos los cristianos.

Satanás usará juegos de computadora, películas y la televisión para conseguir que la mente o el alma se abran, para poder invadirla. Muchas personas no informan de su caso.

Además de *Pokemon*, puede que haya miles de películas, libros, programas de televisión y juegos de computadora más que abren el alma a poderes demoniacos y sugerencias hipnóticas. Suena raro y da un poco de miedo, pero no menosprecie la astucia de Satanás cuando intenta controlar la mente de los seres humanos en el mundo. Él trabaja duro en este momento, engañando al mundo y destruyendo la iglesia y a todos los cristianos. Es mucho mejor saber lo que está ocurriendo que ser una víctima despistada.

## Ser un soldado de Cristo

En la Biblia, el nombre de Dios es Jehová de los ejércitos. Se menciona en muchos versículos. Como mencioné antes, Dios es el líder de los ejércitos. (Véase, por ejemplo, Isaías 22:14; Zacarías 7:12; Jeremías 46:10; Malaquías 2:12). Él no es el líder de los Boys Scouts. Jesucristo es el líder de los ejércitos compuestos tanto de ángeles como de cristianos maduros en Él, entrenados como soldados. Él regresará a la tierra en un caballo blanco, con sus ejércitos también en caballos blancos.

> *Entonces vi el cielo abierto; y he aquí un caballo blanco, y el que lo montaba se llamaba Fiel y Verdadero, y con justicia juzga y pelea. Sus ojos eran como llama de fuego, y había en su cabeza muchas diademas; y tenía un nombre escrito que ninguno conocía sino él mismo. Estaba vestido de una ropa teñida en sangre; y su nombre es: El Verbo de Dios .Y los ejércitos celestiales, vestidos de lino finísimo, blanco y limpio, le seguían en caballos blancos.* (Apocalipsis 19:11–14)

Muchos predicadores afirman que los cristianos no tienen que preocuparse por Satanás, porque ya tenemos la victoria y Satanás no puede tocarnos. No se engañe. Estamos en guerra. La iglesia es un blanco, junto con cada santo y cada matrimonio de santos. Si no fuera así, ¿por qué nos advertiría Jesús del engaño generalizado y la abominación desoladora de la que habla Daniel el profeta?

> *Y muchos falsos profetas se levantarán, y engañarán a muchos; y por haberse multiplicado la maldad, el amor de muchos se enfriará. Mas el que persevere hasta el fin, éste será salvo...Por tanto, cuando veáis en el lugar santo la abominación desoladora de que habló el profeta Daniel (el que lee, entienda), entonces los que estén en Judea, huyan a los montes. El que esté en la azotea, no descienda para tomar algo de su casa; y el que esté en el campo, no vuelva atrás para tomar su capa. Mas ¡ay de las que estén encintas, y de las que críen en aquellos días! Orad, pues, que vuestra huida no sea en invierno ni en día de reposo; porque habrá entonces gran tribulación, cual no la ha habido desde el principio del mundo hasta ahora, ni la habrá. Y si aquellos días no fuesen acortados, nadie sería salvo; mas por causa de los escogidos, aquellos días serán acortados.*  (Mateo 24:11–13, 15–22)

La *"abominación desoladora de que habló el profeta Daniel"*, habla de un día en que la iglesia será destruida y la mayoría de los santos muertos. (Véase Daniel 8:11, 24; 9:26, 27; 11:31). "*Y se le permitió [a la bestia de Satanás] hacer guerra contra los santos, y vencerlos*" (Apocalipsis 13:7).

> *Y veía yo que este cuerno hacía guerra contra los santos, y los vencía...Y hablará palabras contra el Altísimo, y a los santos del Altísimo quebrantará, y pensará en cambiar los tiempos y la ley; y serán entregados en su mano hasta tiempo, y tiempos, y medio tiempo.*  (Daniel 7:21, 25)

Estos versículos no apoyan la doctrina moderna del rapto antes de la tribulación. Parece que la bestia de Satanás destruirá a la iglesia y la mayoría de los santos caerán al final de los tiempos. (Véase 2 Tesalonicenses 2:3).

La iglesia, y todos sus santos, han sido llamados a ser soldados del ejército de Dios. El apóstol Pablo le dijo a Timoteo: *"Este mandamiento, hijo Timoteo, te encargo, para que conforme a las profecías que se hicieron antes en cuanto a ti, milites por ellas la buena milicia"* (1 Timoteo 1:18). Nosotros, también, tenemos el mandato de militar la buena milicia.

En 2 Timoteo, Pablo de nuevo le dijo a Timoteo: *"Tú, pues, sufre penalidades como buen soldado de Jesucristo. Ninguno que milita se enreda en los negocios de la vida, a fin de agradar a aquel que lo tomó por soldado"* (2 Timoteo 2:3–4).

Los siguientes capítulos tendrán muy poco sentido para el lector que no desee alcanzar la madurez espiritual en Jesucristo.

## Resumen

Muchos cristianos evitan los pasajes difíciles de la Biblia que tienen que ver con la guerra espiritual y echar fuera demonios, y por lo tanto están perplejos o indefensos contra el ataque demoniaco. El apóstol Pablo nos recuerda que no tenemos lucha contra carne y sangre, sino contra principados, contra potestades, contra gobernadores de las tinieblas de este siglo, contra huestes espirituales de maldad en las regiones celestes.

Nuestros matrimonios son blancos principales para Satanás, el cual desea llevarse y destruir nuestro testimonio. Esa es una de las razones por las que los cristianos evangélicos tienen un índice tan alto de divorcio. Avergüenza a Dios y se lleva nuestro testimonio en Cristo.

Dios nos ha dado a todos el poder y la autoridad para luchar contra el reino de Satanás y destruirlo. (Véase Lucas 10:19). Sea fuerte y anímese, porque el Señor está con usted. (Véase Josué 1:7, 9, 18). No se deje engañar por los predicadores que menosprecian a los cristianos que echan fuera demonios y animan a otros a estar firmes contra los poderes de las tinieblas. Si su matrimonio está siendo atacado, necesita contraatacar. Somos llamados a ser soldados de Jesucristo, y a resistir contra el reino de las tinieblas en esta hora. La iglesia está en juego, junto con nuestros matrimonios y las vidas de todos los cristianos.

# 12

## ACAB Y JEZABEL EN LOS MATRIMONIOS

Los siguientes tres capítulos quizá sean los más difíciles de entender para muchas personas, o quizá les cueste estar de acuerdo con ellos, pero el asunto en cuestión es de gran importancia para los que desean preservar y mantener un matrimonio bueno y feliz. Satanás ha planeado una maquinación y estrategia para destruir a la iglesia, a todos los creyentes y sus matrimonios, mediante un nido de espíritus malignos, dirigidos por poderosos espíritus gobernadores llamados Acab y Jezabel.

Acab y Jezabel son piezas clave en el plan de Satanás para gobernar el mundo. Son la antítesis de lo que deberían ser un verdadero marido y mujer cristianos.

Acab y Jezabel son personas históricas y bíblicas. Su matrimonio, marcado por la disfunción familiar, el rechazo de Dios, la adoración de deidades babilonias, la destrucción de los profetas de Dios y muchos otros pecados, está detallado en 1 Reyes 16:25–22:53. Estas figuras bíblicas ahora representan dos hombres fuertes de Satanás, o espíritus gobernantes, que controlan el mundo. Las personas infestadas con estos dos espíritus imitarán el comportamiento de estos personajes bíblicos.

Acab y Jezabel ya han destruido muchos matrimonios, iglesias y santos, y reinarán el planeta al final de esta era. Son parte del reino terrenal de Satanás, llamado Babilonia la Grande, y tendrán un papel clave en el intento de los últimos tiempos de Satanás de destruir la iglesia y el pueblo de Dios. (Véase Apocalipsis 13:7; 17:5; Daniel 7:21, 25).

## El plan final de Dios para los matrimonios

Dios pretende que la verdadera iglesia de Jesucristo se convierta en la novia de Cristo al final del milenio.

*Y yo Juan vi la santa ciudad, la nueva Jerusalén, descender del cielo, de Dios, dispuesta **como una esposa ataviada para su marido**.*
(Apocalipsis 21:2)

*Gocémonos y alegrémonos y démosle gloria; porque han llegado **las bodas del Cordero**, y su esposa se ha preparado…Y el ángel me dijo: Escribe: Bienaventurados los que son llamados a la cena de las bodas del Cordero. Y me dijo: Estas son palabras verdaderas de Dios.*
(Apocalipsis 19:7, 9)

***Y el Espíritu y la Esposa dicen:** Ven. Y el que oye, diga: Ven. Y el que tiene sed, venga; y el que quiera, tome del agua de la vida gratuitamente.*
(Apocalipsis 22:17)

Ese es el destino de la verdadera iglesia de Dios. Para que la iglesia se convierta en su novia, primero debe ser limpiada, preparada y conformada a la imagen de Jesucristo. (Véase Romanos 8:29).

La relación matrimonial entre marido y esposa debe ser idéntica a la relación matrimonial entre Cristo y la iglesia, su novia.

*Las casadas estén sujetas a sus propios maridos, como al Señor; porque el marido es cabeza de la mujer, así como Cristo es cabeza de la iglesia, la cual es su cuerpo, y él es su Salvador. Así que, como la iglesia está sujeta a Cristo, así también las casadas lo estén a sus maridos en todo. Maridos, amad a vuestras mujeres, así como Cristo amó a la iglesia, y se entregó a sí mismo por ella, para santificarla, habiéndola purificado en el lavamiento del agua por la palabra, a fin de presentársela a sí mismo, una iglesia gloriosa, que no tuviese mancha ni arruga ni cosa semejante, sino que fuese santa y sin mancha. Así también los maridos deben amar a sus mujeres como a sus mismos cuerpos. El que ama a su mujer, a sí mismo se ama. Porque nadie aborreció jamás a su propia carne, sino que la sustenta y la cuida, como también Cristo a la iglesia, porque somos miembros de su cuerpo, de su carne y de sus huesos. Por esto dejará el hombre a su padre y a su madre, y se unirá a su mujer, y los dos serán una sola carne. Grande es este misterio; mas yo digo esto respecto de Cristo y de la iglesia.* (Efesios 5:22–32)

El gran misterio, ahora revelado, es que la relación entre marido y mujer y entre Cristo y la iglesia debería ser idéntica.

## Las mujeres gobiernan en el reino de Satanás

En el reino de Dios, los hombres son los líderes, responsables delante de Dios tanto en el matrimonio como en la iglesia. Él estableció los principios de su reino sobre el matrimonio en el jardín del Edén. Las esposas deben someterse a la autoridad de sus esposos, así como la iglesia está sometida a la autoridad de Cristo, y los maridos deben amar a sus esposas, incluso morir por ellas, así como Cristo murió por la iglesia.

El gran misterio, ahora revelado, es que la relación entre marido y mujer y entre Cristo y la iglesia debería ser idéntica.

Después del matrimonio, el amor de un marido, que desde la infancia había sido para su padre y su madre, ahora debe enfocarlo en su esposa. *"Por esto dejará el hombre a su padre y a su madre, y se unirá a su mujer, y los dos serán una sola carne"* (Efesios 5:31). No que un esposo deba dejar de honrar y amar a sus padres, sino que sus acciones y obras de amor deben estar dirigidas principalmente hacia su esposa.

En el reino de Satanás, las mujeres son las verdaderas líderes, y los hombres están sometidos a sus esposas. En tiempos de Jeremías, Babilonia había conquistado a Israel durante un periodo de tiempo y muchos habían huido a Egipto. Pero incluso antes de eso, el pueblo de Dios había comenzado a adorar a los dioses y diosas de los babilonios. Las mujeres asumieron el papel de cabeza espiritual de la casa mientras los hombres se quedaban a un lado y dejaban que las mujeres se hicieran cargo. Todos apoyaban la adoración de sus esposas a la reina del cielo, la diosa de Babilonia, lo cual es una abominación para Dios.

> *Entonces todos los que sabían que sus mujeres habían ofrecido incienso a dioses ajenos, y todas las mujeres que estaban presentes, una gran concurrencia, y todo el pueblo que habitaba en tierra de Egipto, en Patros, respondieron a Jeremías, diciendo: La palabra que nos has hablado en nombre de Jehová, no la oiremos de ti; sino que ciertamente pondremos por obra toda palabra que ha salido de nuestra boca, para ofrecer incienso a la reina del cielo, derramándole libaciones, como hemos hecho nosotros y nuestros padres, nuestros reyes y nuestros príncipes, en las ciudades de Judá y en las plazas de Jerusalén, y tuvimos abundancia de pan, y estuvimos alegres, y no vimos mal alguno.* (Jeremías 44:15–17)

Incluso sus ancianos, reyes y príncipes adoraban a los dioses y diosas de Babilonia, y seguían a sus esposas, que eran las principales sacerdotisas de la familia. Rechazaron al Dios de Israel y alardearon de sus pecados y fornicaciones delante de todos, incluso participaron de festivales dedicados a los dioses y diosas de Babilonia.

Babilonia tenía una sociedad matriarcal, en la que las mujeres heredaban la riqueza de la familia y eran las líderes en lo económico y en lo espiritual. Esto ocurría también en las naciones que habitaban Canaán cuando Israel cruzó el río Jordán. Dios advirtió al pueblo que se mantuviera separado de las costumbres impías de los cananeos. La mayoría de las naciones, incluido Egipto, tenían una sociedad matriarcal, en la que las mujeres eran los verdaderos líderes. Sí, los hombres tenían sus papeles como guerreros y ocupaban varias posiciones, pero el verdadero poder espiritual, político y financiero descansaba sobre las mujeres.

Aunque se adoraba a las deidades masculinas, como Moloc y Baal (el término genérico para las deidades masculinas), el culto a Astoret, una deidad femenina llamada reina del cielo, era mucho más popular. Hablaremos de este culto más en detalle después.

## ¿Qué y quién es Babilonia la Grande?

Apocalipsis 17:3–5 describe y nombra una deidad femenina como el espíritu gobernante jefe de Satanás de los últimos tiempos:

*Y me llevó en el Espíritu al desierto; y vi a una mujer sentada sobre una bestia escarlata llena de nombres de blasfemia, que tenía siete cabezas y diez cuernos. Y la mujer estaba vestida de púrpura y escarlata, y adornada de oro, de piedras preciosas y de perlas, y tenía en la mano un cáliz de oro lleno de abominaciones y de la inmundicia de su fornicación; y en su frente un nombre escrito, un misterio: Babilonia la grande, la Madre de las Rameras y de las Abominaciones de la Tierra.*

Una mujer gobierna sobre el reino de Satanás en la tierra y hará que las mujeres sean las que lideren el mundo. Reinarán sobre sus esposos y gran parte de la sociedad al final de los tiempos. Por supuesto, no hay género en el mundo espiritual, pero este espíritu ataca a las mujeres principalmente. Hacia el final de esta era, las mujeres reinarán, no los hombres. En Isaías 47:1, es llamada "virgen": *"Desciende y siéntate en el polvo, virgen hija de Babilonia. Siéntate en la tierra, sin trono, hija de los caldeos; porque nunca más te llamarán tierna y delicada".* (Yo creo que debería haber una coma después de *"virgen"*. Como usted sabrá, no hay signos de puntuación en los textos hebreos).

La diosa de Babilonia es llamada virgen para siempre, después de dar a luz a Tamuz, el dios sol de Babilonia. Hoy día, es llamada Virgen María.[9]

La madre bíblica de Jesús es una María distinta. Ella tuvo al menos siete hijos. "¿No es éste el hijo del carpintero? ¿No se llama su madre María, y sus hermanos, Jacobo, José, Simón y Judas?¿No están todas sus hermanas con nosotros? ¿De dónde, pues, tiene éste todas estas cosas?" (Mateo 13:55–56; véase también Marcos 6:3).

En Isaías, se le llama Madonna (italiano para "señora"):

*Siéntate, calla, y entra en tinieblas, hija de los caldeos; porque nunca más te llamarán señora de reinos… Dijiste: Para siempre seré señora; y no has pensado en esto, ni te acordaste de tu postrimería. Oye, pues, ahora esto, mujer voluptuosa, tú que estás sentada confiadamente, tú que dices en tu corazón: Yo soy, y fuera de mí no hay más; no quedaré viuda, ni conoceré orfandad.* (Isaías 47:5, 7–8)

También se le llama "Pascua" o "Ishtar", la diosa de Babilonia de la brujería y la fertilidad, cuyas señales son huevos de colores y conejos.[10]

*En aquel mismo tiempo el rey Herodes echó mano a algunos de la iglesia para maltratarles. Y mató a espada a Jacobo, hermano de Juan. Y viendo que esto había agradado a los judíos, procedió a prender también a Pedro. Eran entonces los días de los panes sin levadura. Y habiéndole tomado preso, le puso en la cárcel, entregándole a cuatro grupos de cuatro soldados cada uno, para que le custodiasen; y se proponía sacarle al pueblo **después de la pascua**.* (Hechos 12:1–4)

El pueblo judío ya estaba adorando a Ishtar (Pascua) cuando Jesús vino a la tierra en carne. Esta *"Pascua"* no era una fiesta judía o día santo

---

9. Para más información sobre esto, lea el libro *The Myth of the Goddess: Evolution of an Image*, de Jules Cashford y Anne Baring, (Penguin, 1993), y *The Masks of God*, de Joseph Campbell (Penguin, 1991).
10. Véase *Two Babylons*, del obispo Alexander Hislop.

cuando Pedro fue arrestado por el rey Herodes. Era, y es, una fiesta pagana, y había estado durante siglos antes de que Jesús viniera en carne.

Este espíritu femenino (la virgen, madona, y reina del cielo), afirma ser Dios. En Isaías 45:5 y 6, el Dios de Israel dice: *"Yo soy Jehová, y ninguno más hay; no hay Dios fuera de mí...yo Jehová, y ninguno más que yo"*. Pero este espíritu maligno reta a Dios y dice: "Yo soy Dios, y no hay nadie fuera de mí. Adórenme a *mí*". Este es el espíritu que reina sobre el planeta Tierra hoy día, con innumerables adoradores, incluyendo a la mayor parte del cristianismo.

Ella no es una novata. Ha estado por aquí desde el jardín del Edén, como veremos después. Ha estado matando cristianos y a los que han sido *"muertos en la tierra"* durante eras. *"Vi a la mujer ebria de la sangre de los santos, y de la sangre de los mártires de Jesús; y cuando la vi, quedé asombrado con gran asombro"* (Apocalipsis 17:6). *"**Y en ella se halló la sangre de los profetas y de los santos, y de todos los que han sido muertos en la tierra**"* (Apocalipsis 18:24). Pero nadie puede verla. (Véase Isaías 47:10).

## El espíritu de Acab

En 1 Reyes 16:31, el rey Acab quebrantó la ley de Dios al casarse con Jezabel, una no israelita que adoraba a los dioses y diosas babilonias. El padre de ella, Et-baal, era el rey de Sidón, un hervidero para el culto a Astoret y Baal. Dios considera a Acab como el rey más malvado que jamás haya existido.

> *Y Omri hizo lo malo ante los ojos de Jehová, e hizo peor que todos los que habían reinado antes de él; pues anduvo en todos los caminos de Jeroboam hijo de Nabat, y en el pecado con el cual hizo pecar a Israel, provocando a ira a Jehová Dios de Israel con sus ídolos. Los demás hechos de Omri, y todo lo que hizo, y las valentías que ejecutó, ¿no está todo escrito en el libro de las crónicas de los reyes de Israel? Y Omri durmió con sus padres, y fue sepultado en Samaria, y reinó en lugar suyo Acab su hijo. Comenzó a reinar Acab hijo de Omri sobre Israel el año treinta y ocho de Asa rey de Judá. Y reinó Acab hijo de Omri sobre Israel en Samaria veintidós años. Y Acab hijo*

*de Omri hizo lo malo ante los ojos de Jehová, más que todos los que reinaron antes de él. Porque le fue ligera cosa andar en los pecados de Jeroboam hijo de Nabat, y tomó por mujer a Jezabel, hija de Et-baal rey de los sidonios, y fue y sirvió a Baal, y lo adoró.*

(1 Reyes 16:25–31)

Enseguida se convirtió en un ardiente adorador de las deidades babilonias de su esposa.

*E hizo altar a Baal, en el templo de Baal que él edificó en Samaria. Hizo también Acab una imagen de Asera, haciendo así Acab más que todos los reyes de Israel que reinaron antes que él, para provocar la ira de Jehová Dios de Israel. En su tiempo Hiel de Bet-el reedificó a Jericó. A precio de la vida de Abiram su primogénito echó el cimiento, y a precio de la vida de Segub su hijo menor puso sus puertas, conforme a la palabra que Jehová había hablado por Josué hijo de Nun.*

(1 Reyes 16:32–34)

Las orgías sexuales y el sacrificio de niños era algo desenfrenado. Jezabel era hermosa y Acab era un pelele de las mujeres atractivas. Su unión con Jezabel fue un matrimonio hecho en el infierno. Ella era perfecta para él. A Acab le encantaba el sexo y participaba ansiosamente en orgías ceremoniales que eran parte de la adoración a Astoret, el demonio esposa de Baal.

Se dice que los "bosquecillos" eran lugares de orgías sexuales repletas de enormes tallas de órganos sexuales. Acab se unió felizmente a la diversión y los placeres autorizados y practicados por su propia esposa. (Véase 1 Reyes 16:33). Jezabel era la sacerdotisa principal del culto a Astoret, que también exhibía la prostitución del templo y toda forma de promiscuidad sexual, incluidos homosexualidad, incesto, pornografía, adulterio, fornicación, sacrificio infantil y menosprecio del matrimonio.

Igual ocurre con los hombres infestados por Acab en la actualidad, que aman la pornografía, masturbación, fornicación, adulterio, y un sinfín de otras actividades sexuales impuras e impías.

## Babilonia ya está aquí en la tierra

Los babilonios antiguos e históricos practicaban el sacrificio infantil, el consumo de drogas que alteraban la mente, la promiscuidad sexual, la homosexualidad, el menosprecio del matrimonio, incesto, hijos ilegítimos, astrología y otras actividades relacionadas con lo oculto. (Véase Isaías 47:9–14). Su cultura exhibía una gran violencia, asesinado y dominio femenino, así como hombres espiritualmente débiles. Vemos todas estas características de la antigua Babilonia siendo representadas de nuevo hoy al final de los tiempos.

Los babilonios estaban entregados por completo a la adoración a placeres carnales. La promiscuidad sexual estaba muy extendida, y las adolescentes ofrecían voluntariamente dos años de su vida para convertirse en prostitutas del templo. Era costumbre ofrecer su virginidad a un sacerdote o sacerdotisa, los cuales se creía que representaban a los dioses. A las esposas se les obligaba a tener sexo con totales extraños en ciertas ocasiones. Todo el dinero recaudado era para sostener los templos.

> Vemos todas estas características de la antigua Babilonia siendo representadas de nuevo hoy al final de los tiempos.

Siempre que se producía un embarazo no deseado, la mujer a menudo daba a luz y luego ofrecía al bebé como sacrificio humano a Moloc, el dios babilonio del placer. Una estatua de metal de Moloc, con las palmas de las manos hacia arriba, se quemaba hasta que se ponía al rojo vivo y se colocaba al niño sobre ellas y se quemaba vivo. Esta práctica comenzó mucho antes de los días de Moisés y continuó mucho después de los días del profeta Jeremías. *"Y no des hijo tuyo para ofrecerlo por fuego a Moloc; no contamines así el nombre de tu Dios. Yo Jehová"* (Levítico 18:21; véase también Levítico 20:2–5; 1 Reyes 11:7; 2 Reyes 23:10; Jeremías 32:35).

En los tiempos modernos, somos más humanos, por supuesto. En vez de esperar hasta que nazcan los bebés, los matamos inyectándole al feto una fuerte solución salina o de otro tipo para quemarlo hasta que muera en el vientre de la madre. Si el feto es mayor, lo cortamos en pedazos en el vientre de la madre o le aplastamos la cabeza, succionamos su cerebro y luego incineramos los restos. ¡Supuestamente este es un método más civilizado de sacrificio humano! En todo el mundo, hay quizá veintiséis millones de abortos al año, un millón y medio solamente en los Estados Unidos.

Los mesopotámicos, predecesores de Babilonia, inventaron la cocaína, y su uso estaba muy extendido en Babilonia. Los sacerdotes solían usar cocaína para inducir lo que llamaban el "sueño del templo" para producir alucinaciones, consideradas una forma de baile o experimento con los dioses en su ámbito espiritual. El alcohol, y en particular la cerveza, también tenía un uso muy generalizado. ¿Quién puede dudar de que tenemos un problema mundial con el alcohol y las drogas que alteran la mente hoy día?

La revolución sexual barrió los Estados Unidos en la década de 1960, con la invención de las píldoras anticonceptivas, los movimientos hippie y feminista y la extendida promiscuidad sexual, estableciendo totalmente una cultura babilónica. A los europeos del norte se les conoce desde hace mucho por su visión liberal del sexo, y sirvió como un catalizador de la promiscuidad actual en América. Las costumbres sexuales del lejano oriente también han sido permisivas durante miles de años, donde las ambiciosas mujeres fomentan el tener múltiples esposas y concubinas. Las costumbres sexuales de nuestro mundo compiten con las de la antigua Babilonia. No, les superamos en lascivia y mala conducta. Sodoma y Gomorra se están duplicando rápidamente en la sociedad americana al ignorar los efectos mortales de la homosexualidad, algo de lo que advierte la Biblia.

> Muchos cristianos afirman que el regreso de Jesús está lejos en el futuro, porque la Biblia describe a Babilonia como el centro de actividad comercial del mundo al final de los tiempos. Pero Babilonia ya ha rebasado al planeta Tierra en el espíritu.

La violencia y las guerras también son señales de la antigua Babilonia. Incluso en el Antiguo Testamento, encontramos la constante promulgación de guerras y violencia en cada generación. Babilonia destacaba por luchar contra sus países vecinos, y especialmente contra Israel, hasta que fue "liberada" por Ciro de Persia en el año 539 a.C. "Semíramis" (algunos historiadores afirman que este no era el nombre correcto de la reina original de Babilonia), o Ishtar, era llamada "la Reina de las fortalezas" y era adorada por sus conquistas militares.

Hoy día, la Babilonia física está casi desierta, tan solo hay unos cuantos lugares arqueológicos y quizá dos o tres edificios de gobierno. Muchos cristianos afirman que el regreso de Jesús está lejos en el futuro, porque la Biblia describe a Babilonia como el centro de actividad comercial del mundo al final de los tiempos. Pero Babilonia ya ha rebasado al planeta Tierra en el espíritu.

*Cuanto ella se ha glorificado y ha vivido en deleites, tanto dadle de tormento y llanto; porque dice en su corazón: Yo estoy sentada como reina, y no soy viuda, y no veré llanto; por lo cual en un solo día vendrán sus plagas; muerte, llanto y hambre, y será quemada con fuego; porque poderoso es Dios el Señor, que la juzga. Y los reyes de la tierra que han fornicado con ella, y con ella han vivido en deleites, llorarán y harán lamentación sobre ella, cuando vean el humo de su incendio, parándose lejos por el temor de su tormento, diciendo: ¡Ay, ay, de la gran ciudad de Babilonia, la ciudad fuerte; porque en una hora vino tu juicio! Y los mercaderes de la tierra lloran y hacen lamentación sobre ella, porque ninguno compra más sus mercaderías; mercadería de oro, de plata, de piedras preciosas, de perlas, de lino fino, de púrpura, de seda, de escarlata, de toda madera olorosa, de todo objeto de marfil, de todo objeto de madera preciosa, de cobre, de hierro y de mármol; y canela, especias aromáticas, incienso, mirra, olíbano, vino, aceite, flor de harina, trigo, bestias, ovejas, caballos y carros, y esclavos, almas de hombres.* (Apocalipsis 18:7–13)

América, con su lujoso modo de vida y desprecio de Dios, ahora está gobernada por Babilonia, mientras que otras naciones la emulan y se han enriquecido gracias a ella. Como el reino del norte de Israel, y después la nación de Judá, ha cometido adulterio con muchos dioses foráneos y ha rechazado a Jesucristo.

> *Me dijo Jehová en días del rey Josías: ¿Has visto lo que ha hecho la rebelde Israel? Ella se va sobre todo monte alto y debajo de todo árbol frondoso, y allí fornica. Y dije: Después de hacer todo esto, se volverá a mí; pero no se volvió, y lo vio su hermana la rebelde Judá. Ella vio que por haber fornicado la rebelde Israel, yo la había despedido y dado carta de repudio; pero no tuvo temor la rebelde Judá su hermana, sino que también fue ella y fornicó.* (Jeremías 3:6–8)

América fue una vez el país amado de Dios, bendecido sin medida por el Señor, pero se ha apartado y ha fornicado con otras religiones. Ya no es una nación cristiana. Ha sido engullida por Babilonia la Grande.

## Aniquilando la iglesia y el pueblo de Dios

> América fue una vez el país amado de Dios, bendecido sin medida por el Señor, pero se ha apartado y ha fornicado con otras religiones. Ya no es una nación cristiana. Ha sido engullida por Babilonia la Grande.

Jezabel y Acab mataron a todos los profetas de Dios que encontraron y querían aniquilar por completo la verdadera adoración al Dios de Israel. "*Porque cuando Jezabel destruía a los profetas de Jehová, Abdías tomó a cien profetas y los escondió de cincuenta en cincuenta en cuevas, y los sustentó con pan y agua*" (1 Reyes 18:4). Los creyentes en Jehová Dios tenían que esconderse para escapar de la destrucción. Así será al final del mundo (era). La bestia de Satanás hará que "*a todos, pequeños y grandes, ricos y pobres, libres y esclavos, se les pusiese una marca en la mano derecha, o en la frente*" (Apocalipsis 13:16). Cualquiera que rehúse la marca será asesinado. Esto significa usted y yo.

Al final del mundo (esta era), Babilonia la Grande buscará controlar todo matrimonio, persona, iglesia e institución, y establecer adoración a la Reina del cielo en toda la tierra. Ella es astuta. Pocos saben lo que está ocurriendo en el mundo espiritual. La ceguera y el engaño espiritual están por todos lados. Ella es un espíritu misterioso que pocos reconocen. Su nombre es Misterio. *"Y en su frente un nombre escrito, un misterio: Babilonia la grande, la Madre de las Rameras y de las Abominaciones de la Tierra"* (Apocalipsis 17:5). Ella es un misterio para los habitantes del mundo, pero ella reina.

El espíritu de Jezabel es el paradigma de la reina original de Babilonia, llamada la diosa de los diez mil nombres, incluyendo Astar, Cibeles, Reina del cielo, Virgen madre de Dios, Madonna, Atenea, Pele, Madre Kali, Kwan Yin, Pascua (Ishtar) y Madre de sabiduría. Gran parte de la iglesia actual está adorando ahora a ella y a Tamuz, su hijo. Era parte de la visión de Ezequiel de la iglesia al final de esta era. *" Y me llevó a la entrada de la puerta de la casa de Jehová, que está al norte; y he aquí mujeres que estaban allí sentadas endechando a Tamuz"* (Ezequiel 8:14).

La señal de Tamuz, el dios sol de Babilonia, es un árbol de Navidad.

*Oíd la palabra que Jehová ha hablado sobre vosotros, oh casa de Israel. Así dijo Jehová: No aprendáis el camino de las naciones, ni de las señales del cielo tengáis temor, aunque las naciones las teman. Porque las costumbres de los pueblos son vanidad; porque leño del bosque cortaron, obra de manos de artífice con buril. Con plata y oro lo adornan; con clavos y martillo lo afirman para que no se mueva. Derechos están como palmera, y no hablan; son llevados, porque no pueden andar. No tengáis temor de ellos, porque ni pueden hacer mal, ni para hacer bien tienen poder.* (Jeremías 10:1–5)

Los impíos son los babilonios, que inventaron la astrología y los horóscopos y se desanimaban con las señales del cielo. El día del cumpleaños de Tamuz, que es el día después del solsticio de invierno (23 o 24 de diciembre), cortaban un árbol verde del bosque, lo ponían recto en sus hogares y lo decoraban con decoraciones de oro y de plata. A la mañana siguiente, celebraban el nacimiento de Tamuz dándose regalos unos a otros y celebrándolo durante doce días.

Los antiguos druidas celebraban el cumpleaños del dios sol usando muérdago, una planta supuestamente mágica. Los druidas modernos hacen lo mismo; se llama celebrar la Navidad como cristiano.

Qué engañados y tercos somos. Me pidieron que abandonara un grupo de unidad de pastores porque no celebro Navidad ni Semana Santa. Pastores han salido de mis seminarios y conferencias, después de levantarse y arremeter contra mí por "destruir la celebración más grande y querida de la iglesia". Algunas personas que han estado de acuerdo conmigo han sido aisladas y excomulgadas de sus iglesias. Sin embargo, no se mencionan estas dos celebraciones en la Biblia, y la iglesia primitiva no guardaba el sabat ni las festividades, incluyendo el nacimiento o resurrección de Jesús.

> *Mas ahora, conociendo a Dios, o más bien, siendo conocidos por Dios, ¿cómo es que os volvéis de nuevo a los débiles y pobres rudimentos, a los cuales os queréis volver a esclavizar? Guardáis los días, los meses, los tiempos y los años. Me temo de vosotros, que haya trabajado en vano con vosotros.*  (Gálatas 4:9–11)

> *Por tanto, nadie os juzgue en comida o en bebida, o en cuanto a días de fiesta, luna nueva o días de reposo, todo lo cual es sombra de lo que ha de venir; pero el cuerpo es de Cristo.*  (Colosenses 2:16–17)

El apóstol Pablo amonestó a los cristianos gálatas por guardar los días festivos y fiestas, y lo llamó brujería y obras de la ley.

> *¡Oh gálatas insensatos! ¿quién os fascinó para no obedecer a la verdad, a vosotros ante cuyos ojos Jesucristo fue ya presentado claramente entre vosotros como crucificado? Esto solo quiero saber de vosotros: ¿Recibisteis el Espíritu por las obras de la ley, o por el oír con fe? ¿Tan necios sois? ¿Habiendo comenzado por el Espíritu, ahora vais a acabar por la carne? ¿Tantas cosas habéis padecido en vano? si es que realmente fue en vano.*  (Gálatas 3:1–4)

Dios consideraba la adoración babilónica algo tan malo que cualquier participación en ella era sancionable con la pena de muerte, como vemos en la historia de Acán.

*Entonces Josué dijo a Acán: Hijo mío, da gloria a Jehová el Dios de Israel, y dale alabanza, y declárame ahora lo que has hecho; no me lo encubras. Y Acán respondió a Josué diciendo: Verdaderamente yo he pecado contra Jehová el Dios de Israel, y así y así he hecho. Pues vi entre los despojos un manto babilónico muy bueno, y doscientos siclos de plata, y un lingote de oro de peso de cincuenta siclos, lo cual codicié y tomé; y he aquí que está escondido bajo tierra en medio de mi tienda, y el dinero debajo de ello.* (Josué 7:19–21)

Acán y sus hijas y posesiones fueron tomados, y apedreados hasta la muerte y quemados con fuego.

*Entonces Josué, y todo Israel con él, tomaron a Acán hijo de Zera, el dinero, el manto, el lingote de oro, sus hijos, sus hijas, sus bueyes, sus asnos, sus ovejas, su tienda y todo cuanto tenía, y lo llevaron todo al valle de Acor. Y le dijo Josué: ¿Por qué nos has turbado? Túrbete Jehová en este día. Y todos los israelitas los apedrearon, y los quemaron después de apedrearlos.* (Josué 7:24–25)

Dios destruyó tanto al reino del norte de Israel como después a Judá por adorar a la Virgen y su hijo, Tamuz. Él no ha cambiado. Y nosotros tampoco.

## ¿Cómo es el espíritu de Jezabel?

Una mujer con el espíritu de Jezabel es demandante, controladora y manipuladora. Puede ser aparentemente de voz suave y empalagosa, pero al final, siempre se sale con la suya. Usa diferentes estrategias. Otras mujeres quizá sean ruidosas, directas, agresivas, demandantes o astutas para salirse con la suya y controlar a otros. No solo manda sobre su marido, sino que también controla a los que le rodean en el trabajo, la iglesia y cualquier otro lado.

> Muchas mujeres (y hombres) con el espíritu de Jezabel tienen un fuerte espíritu de rechazo, rencor, amargura contra la autoridad masculina y rebeldía contra Dios.

Muchas mujeres (y hombres) con el espíritu de Jezabel tienen un fuerte espíritu de rechazo, rencor, amargura contra la autoridad masculina y rebeldía contra Dios. Las esposas con ese espíritu son controladoras y manipuladoras, los jefes de sus familias. Sus esposos son despreocupados, buenos hombres que viven en su propio mundo. El esposo a menudo es también una víctima del rechazo. Las mujeres tienden a contrarrestar el rechazo siendo controladoras, manipuladoras y agresivas, para que el rechazo de la gente a la que controlan sea menos doloroso o frecuente. El poder y el control les hacen ser menos vulnerables.

Los hombres reaccionan al rechazo teniendo muchos temores e inseguridades. Se vuelven no agresivos, carecen de ambición, son irresponsables y sueñan despiertos pasivamente. A fin de cuentas, si uno no hace nada, no le pueden rechazar.

Una esposa Jezabel lo hace todo. Está en los pequeños detalles, y controla la familia mediante la burla constante, críticas, amenazas, discutiendo y quejándose. Frecuentemente se casa con un hombre que tiene el espíritu de Acab en él. Ella necesita a alguien que haga el papel de bufón. A fin de cuentas, ella se sienta sobre una fiera.

Acab es un buen tipo que permite que su esposa sea "la espiritual". Ella es la profetisa, la que recibe las visiones, sueños y las "palabras de Dios", la artista de cabecera. Su esposo es principalmente poco espiritual. Sigue a todas partes y actúa como si le interesase la iglesia, para apaciguar a su esposa Jezabel y agradar a otros. Pasa su tiempo apoyando a su profetisa espiritual y ofreciéndose para labores manuales. Si su esposa Jezabel muere antes que él, él desaparece de la iglesia y muestra sus verdaderos colores.

Al mismo tiempo, los hombres se pueden convertir en Jezabel, y los papeles se pueden invertir.

## Un espíritu de brujería

Jezabel a menudo es sinónimo de Babilonia la Grande, aunque la última es un sistema demoniaco mundial de brujería con muchas facetas. Jezabel es la actriz principal. Toda forma de brujería y lo oculto viene de este espíritu, incluyendo la adivinación, astrología, cartas del tarot, conjuros, males de ojo, tormentos y muchas cosas más. Por definición, la brujería es el control profano y la manipulación de otros. (Véase Isaías 47:9–13). Por supuesto, hay distintos niveles o rasgos de Jezabel en distintas personas. Babilonia la Grande intenta controlar todo el mundo.

## Jezabel hará cualquier cosa para conseguir el control

En la Biblia, Jezabel era un espíritu asesino que mató a Nabot para robar su viña y a la vez las riendas del reino. Nabot tenía una pequeña viña cerca del palacio de Acab y el rey deseaba la tierra para realizar un huerto.

Acab intentó convencer a Nabot para que o bien se la cambiara por otra propiedad o se la vendiera a Acab. Pero Nabot le explicó que la tierra era una herencia familiar que debía pasar de generación en generación, así que no podía vendérsela ni cambiársela por otra. El rey Acab se entristeció y no sabía qué hacer. Fue a casa a hacer pucheros como un niño pequeño. *"Y vino Acab a su casa triste y enojado, por la palabra que Nabot de Jezreel le había respondido, diciendo: No te daré la heredad de mis padres. Y se acostó en su cama, y volvió su rostro, y no comió"* (1 Reyes 21:4).

Y llegó su esposa, Jezabel. *"Vino a él su mujer Jezabel, y le dijo: ¿Por qué está tan decaído tu espíritu, y no comes? El respondió: Porque hablé con Nabot de Jezreel, y le dije que me diera su viña por dinero, o que si más quería, le daría otra viña por ella; y él respondió: Yo no te daré mi viña"* (1 Reyes 21:5–6). En otras palabras: "¿Qué te pasó, cariño? Pobrecito". Entonces Acab le mintió a su esposa y no le dijo que Nabot no se podía desprender de su tierra porque era una herencia que debía pasar de generación en generación.

Después llegó el astuto truco de Jezabel. *"Y su mujer Jezabel le dijo: ¿Eres tú ahora rey sobre Israel? Levántate, y come y alégrate; yo te daré la viña de Nabot de Jezreel. Entonces ella escribió cartas en nombre de Acab, y las selló con su anillo, y las envió a los ancianos y a los principales que moraban en la ciudad con Nabot"* (1 Reyes 21:7–8). "No te preocupes, campeón. A fin de cuentas, eres el rey y tenemos que cuidar del rey. Tú siéntate ahí y relájate. Sé feliz. Yo me encargo". Entonces Jezabel usó el sello de autoridad del rey Acab para dar instrucciones concretas a sus seguidores para dar falso testimonio contra Nabot, y luego le apedrearon hasta morir. (Véase 1 Reyes 21:8–13).

El rey Acab era un llorón. No era afeminado y le gustaba ir a la guerra, pero a veces, era un hombre adulto con la mente de un niño. Sus pucheros e indecisión le dieron a Jezabel la oportunidad e tomar el sello de Acab y gobernar el reino. Los hombres Acab son así: indecisos, sin ambición, niños de mamá, tranquilos y perezosos.

Las mujeres Jezabel aprovecharán toda oportunidad de tomar las riendas de la familia, la iglesia o el oficio. Son inteligentes, talentosas, agresivas y astutas. Jezabel también es un espíritu asesino. Mata a sus propios hijos espiritualmente y de otras maneras, y es el espíritu que gobierna detrás de los abortos, píldoras del día después, promiscuidad sexual, inmoralidad, divisiones en la iglesia y divorcios. (Véase Apocalipsis 2:20–23).

Jezabel escribió cartas y las selló con la total aprobación de Acab. A los hombres Acab les encanta cuando sus esposas Jezabel toman las riendas de la casa, no solo de las tareas cotidianas sino también del liderazgo espiritual. Ellos pueden seguir jugando a sus juegos mundanos, descansar y vivir relajadamente. Al final, no obstante, Dios pedirá cuentas a los maridos de lo que hacen sus esposas. Sí, Jezabel fue castigada por Dios al final, pero primero Él trató con Acab. (Véase 1 Reyes 21:17–26).

Las mujeres Jezabel piensan que la mayoría de los hombres, incluidos sus esposos, o son estúpidos o peleles que no tienen sangre y les falta ambición, que son llorones indecisos. (Véase 1 Reyes 21:1–20). Se ofende si tienen que servir o inclinarse ante varones. Le molesta muchísimo que la mayoría de las sociedades favorezcan a los hombres. Busca invertir el orden del reino de Dios. Una esposa puede ser más bajita que su esposo, pero ella es la matona. Dese una vuelta por los centros comerciales y verá a diminutas esposas empujando a sus grandes esposos. Por supuesto, los esposos lo aceptan, actuando como niños a quienes se les lleva de un lado a otro tirándoles de las orejas.

No se engañe. Acab tiene un plan en mente, y todo este arrastrarse y promoción de los derechos feministas es una estratagema.

## Los hijos de Acab y Jezabel

Los hijos de una relación Acab/Jezabel crecen confundidos. Las hijas se asemejan a su madre y los hijos a su padre. Las hijas a veces se vuelven lesbianas y altas ejecutivas; los hijos a menudo se vuelven homosexuales. El divorcio predomina en la familia. Un espíritu de Jezabel en realidad odia a las mujeres y produce enfermedades del tracto reproductivo, esterilidad, sangrado excesivo, periodos irregulares, tumores y cánceres de útero, ovarios y pecho. Por supuesto, una mujer que tenga una o más de estas enfermedades, o trabaje como ejecutiva, no necesariamente está infestada de Jezabel, así que no acuse a alguien a la ligera.

> Dios requiere mucho amor de un marido para su esposa. La falta de amor abre la puerta a Jezabel, cuando las esposas inseguras a menudo se ven forzadas a protegerse volviéndose controladoras y mandonas.

Un esposo Acab se rinde y permite que Jezabel reine por defecto, porque Él es irresponsable y pasa el turno. No quiero decir con esto que los hombres deban volverse varones Jezabel. Dios requiere mucho amor de un marido para su esposa. (Véase Efesios 5:25–29). La falta de amor abre la puerta a Jezabel, cuando las esposas inseguras a menudo se ven forzadas a protegerse volviéndose controladoras y mandonas.

Sea consciente de que este espíritu puede habitar en los hombres y volverlos esposos controladores, mandones y quejicosos que siempre tienen que salirse con la suya. Sin embargo, este espíritu invade principalmente a las mujeres, yo diría que en un 95 por ciento de las veces. Incluso en la brujería y el ocultismo, diez mujeres se hacen brujas y videntes por cada brujo o hechicero.

## Resumen

El reino de Satanás en la tierra está modelado según la antigua Babilonia. Al final de los tiempos, serán evidentes en la tierra las mismas condiciones espirituales que controlaban a la histórica Babilonia. Estos rasgos incluyen promiscuidad sexual, consumo de drogas, homosexualidad, desprecio al matrimonio, hijos ilegítimos, pornografía, brujería, adivinación, guerras y violencia, la matanza de bebés y mujeres gobernantes, todo lo que caracterizaba a la antigua Babilonia.

Estamos adorando a Babilonia la Grande, incluso ahora.

Los dos principales espíritus que usa Satanás para controlar la iglesia, nuestros matrimonio y el mundo, son Acab y Jezabel, los nombres de demonios. Estos dos personajes son figuras históricas y se mencionan mucho en la Biblia. Ya han tenido éxito al tomar el cuerpo de Cristo y gran parte del mundo. Acab y Jezabel son espíritus de brujería, y controlan mucho más de lo que usted se imagina. Jezabel es un espíritu maligno controlador, agresivo y súper inteligente que se llama a sí mismo dios y desea adoración y control. Se le llama Reina del cielo, Madonna, la Virgen, y Madre de toda la humanidad.

Cuando Acab y Jezabel reinan sobre un matrimonio, los hijos a menudo se confunden y terminan convirtiéndose en la viva imagen de estos dos espíritus.

# 13

# EL DOBLE ENGAÑO DE ADÁN Y LA TRAICIÓN DE EVA

## Jezabel en la iglesia

No hemos terminado aún con el espíritu de Jezabel. En la iglesia, ella busca reconocimiento y control, deseando ocupar el ministerio de oración, la escuela dominical, la música y todo lo que pueda tomar entre sus manos. Busca atención y adoración y le encanta profetizar y enseñar. En los días del profeta Elías, Jezabel mató a todos los profetas y sacerdotes de Dios que pudo encontrar. (Véase 1 Reyes 18:13). Aún lo sigue haciendo a escondidas.

Seduce a los hombres y los líderes varones, creando escándalos que ponen fin a sus carreras. Trabaja para destruir la iglesia y su liderazgo. Pero lo hace a escondidas. *"Nadie me ve"* (Isaías 47:10). Se le puede encontrar detrás de una división de iglesia, discordia y separación. Es chismosa o cuentacuentos que produce disputas. (Véase Proverbios 26:20). Eso sí, las mujeres con un espíritu de Jezabel por lo general no saben que están siendo dirigidas por un espíritu maligno. Nadie se lo dijo jamás.

Jezabel se llama a sí misma profetisa y le encanta controlar la iglesia mediante sus "revelaciones". (Véase Apocalipsis 2:20). Una vez tuve una mujer Jezabel en la audiencia mirándome fijamente hasta que, en una visión, la persona sentada junto a mí veía gusanos grises de muerte saliendo de sus ojos y flotando por el aire hacia mí mientras estaba de pie detrás del podio. Medité en ello y, a la mañana siguiente, mi esposa me mostró un libro titulado *Queen of Heaven*. El autor explicaba cómo una mujer con un fuerte espíritu de Jezabel puede sentarse en una audiencia y enviar gusanos grises de muerte al pastor o profeta a través de sus ojos. Si no se ponía oposición, estos gusanos trabajarían para matar a la víctima con el tiempo. Comencé a orar contra el espíritu de muerte.

Hace algunos años, regresé a mi oficina de abogados después de comer para ver a un pastor amigo mío que me esperaba. Él acababa de regresar de un hospital cercano donde había ido para orar por un popular artista hawaiano que había sufrido un ataque al corazón. La habitación del hospital estaba llena de visitas, así que se sentó en el pasillo fuera de la habitación. De repente, en el espíritu, vio gusanos grises fluyendo firme y lentamente por el aire y entrando en la habitación. "¿Qué significaba esta visión?", preguntó. Dios inmediatamente trajo a mi mente el pasaje del libro de Hechos respecto a la muerte del rey Herodes.

*Y Herodes estaba enojado contra los de Tiro y de Sidón; pero ellos vinieron de acuerdo ante él, y sobornado Blasto, que era camarero mayor del rey, pedían paz, porque su territorio era abastecido por el del rey. Y un día señalado, Herodes, vestido de ropas reales, se sentó en el tribunal y les arengó. Y el pueblo aclamaba gritando: ¡Voz de Dios, y no de hombre! Al momento un ángel del Señor le hirió, por*

*cuanto no dio la gloria a Dios; y expiró comido de gusanos.*
(Hechos 12:20–23)

Me resultó raro que los gusanos se comieron a Herodes antes de morir. ¿No se supone que los gusanos se comen la carne de una persona cuando esta muere, y no antes? Respondí a mi amigo: "Este hombre va a morir". A las cinco en punto de esa misma tarde, murió. Este artista era muy conocido por su promoción de la religión Kahuna hawaiana, famosa por sus muchas deidades.

En Hong Kong, mientras enseñaba sobre la búsqueda de Jezabel por destruir a los líderes cristianos e iglesias mediante el control, mi anfitrión de repente exclamó: "¡Eso es exactamente lo que le ocurrió a la iglesia a la que pertenecía!". Aparentemente, una muchacha de unos veintiséis años se había unido a la iglesia de mi amigo. Conocía la Biblia de pasta a pasta, le encantaba orar, profetizar, servir como voluntaria y apoyar al pastor. Pronto se convirtió en la líder de la oración intercesora y maestra de la escuela bíblica de los niños. Había unos mil doscientos miembros en ese entonces. Un par de años más tarde, la esposa del pastor murió. Un año después, la chica se casó con el pastor. Él tenía setenta y cinco años y ella veintinueve. Ella literalmente tomó el control, y la membresía de la iglesia disminuyó a solo doscientos miembros en poco tiempo.

Recuerde: es el espíritu y no la mujer, aunque ella es la que cede a él. Hay muchas mujeres santas y justas en la iglesia, pero Jezabel se autopromueve y autoglorifica. Quiere reconocimiento y adoración y quiere gobernar; a fin de cuentas, ella es una reina que piensa que es un dios.

*"Oye, pues, ahora esto, mujer voluptuosa, tú que estás sentada confiadamen-*
*te, tú que dices en tu corazón: Yo soy, y fuera de mí no hay más"* (Isaías 47:8;
véase también Apocalipsis 18:7).

Como mencioné antes, la mayoría de las veces, las mujeres con este
espíritu no tienen idea de lo que les está motivando o controlando. No
todas las mujeres que se esfuerzan por las posiciones de liderazgo tienen
el espíritu de Jezabel en su interior. Hay mujeres sinceras que aman a
Dios y desean servir a Dios y a su iglesia sin recompensa terrenal. La
mayor diferencia es que la mujer con el espíritu de Jezabel se autopromueve y su agenda apunta principalmente a ella y no a Jesús.

## Dios destruirá a Jezabel y a todos sus hijos

Dios odia este espíritu. En Apocalipsis, Él promete destruir a
Jezabel y a todos sus hijos.

> *Pero tengo unas pocas cosas contra ti: que toleras que esa mujer Je-*
> *zabel, que se dice profetisa, enseñe y seduzca a mis siervos a fornicar*
> *y a comer cosas sacrificadas a los ídolos. Y le he dado tiempo para*
> *que se arrepienta, pero no quiere arrepentirse de su fornicación. He*
> *aquí, yo la arrojo en cama, y en gran tribulación a los que con ella*
> *adulteran, si no se arrepienten de las obras de ella. Y a sus hijos he-*
> *riré de muerte, y todas las iglesias sabrán que yo soy el que escudriña*
> *la mente y el corazón; y os daré a cada uno según vuestras obras.*
> (Apocalipsis 2:20–23)

Yo he visto a mujeres que rehúsan arrepentirse y, al final, se van de
la iglesia. En un caso, una mujer Jezabel se convirtió en bruja y vidente.
Se llamaba profetisa. En otros casos, sufrieron enfermedades fatales,
y Dios no las sanó. Jezabel intenta matar a la persona en la que vive.
(Véase Isaías 47:6). Mi esposa y yo hemos visto el espíritu de Jezabel
mirándonos desde dentro a través de los ojos de mujeres en sus lechos
de muerte.

Dios promete que todos los que venzan a Jezabel tendrán poder sobre las naciones: *"Al que venciere y guardare mis obras hasta el fin, yo le*

daré autoridad sobre las naciones, y las regirá con vara de hierro, y serán quebradas como vaso de alfarero; como yo también la he recibido de mi Padre; y
le daré la estrella de la mañana"(Apocalipsis 2:26–28). Los líderes de la
iglesia que no pueden manejar a Jezabel no pueden manejar naciones
tampoco. Se necesita una determinación fuerte e inflexible para liberar
la iglesia y a sus miembros de este feo espíritu. No me malentienda. Con
esto, no me refiero a que deba desechar a la gente de la que sospeche que
tenga el espíritu de Jezabel o Acab, sino más bien, debería echar fuera a
los espíritus.

## Una advertencia

Dios menciona la adoración de Tamuz en Ezequiel 8:14–16. Es una
abominación a Dios tal que, en el siguiente capítulo de Ezequiel, llama a
seis ángeles con armas letales, uno con un tintero de escribano. Él manda al ángel con el tintero de escribano que marque en la frente solo...

> "...a los hombres que gimen y que claman a causa de todas las abo-
> minaciones que se hacen en medio de ella. Y a los otros dijo, oyéndo-
> lo yo: Pasad por la ciudad en pos de él, y matad; no perdone vuestro
> ojo, ni tengáis misericordia. **Matad a viejos, jóvenes y vírgenes,
> niños y mujeres, hasta que no quede ninguno; pero a todo aquel
> sobre el cual hubiere señal, no os acercaréis; y comenzaréis por
> mi santuario.** Comenzaron, pues, desde los varones ancianos que
> estaban delante del templo. Y les dijo: **Contaminad la casa,** y llenad
> los atrios de muertos; salid. Y salieron, y mataron en la ciudad".
>
> (Ezequiel 9:4–7)

Los ángeles mataron a todo el pueblo de Dios salvo a los que tenían
su marca en su frente. Todos los demás estaban adorando a los dioses y
diosas babilónicas.

Dios no ha cambiado. Él es "el mismo ayer, y hoy, y por los siglos"
(Hebreos 13:8). Si eso es así, entonces Dios sigue aborreciendo la adoración de los dioses y diosas babilónicas, y Él sigue marcando la frente de

los que gimen y claman a causa de las abominaciones que se producen en la iglesia.

## La marca actual de Dios en la frente

Es muy interesante que encontramos la mención de la marca de Dios en la frente de los verdaderos siervos de Dios en Apocalipsis 7:3 y Apocalipsis 9:4, lo cual ocurre al final de este siglo.

> *Después de esto vi a cuatro ángeles en pie sobre los cuatro ángulos de la tierra, que detenían los cuatro vientos de la tierra, para que no soplase viento alguno sobre la tierra, ni sobre el mar, ni sobre ningún árbol. Vi también a otro ángel que subía de donde sale el sol, y tenía el sello del Dios vivo; y clamó a gran voz a los cuatro ángeles, a quienes se les había dado el poder de hacer daño a la tierra y al mar, diciendo: No hagáis daño a la tierra, ni al mar, ni a los árboles, hasta que hayamos sellado en sus frentes a los siervos de nuestro Dios.*
>
> (Apocalipsis 7:1–3)

Dios manda a sus ángeles que no hagan daño a los que tengan la marca en su frente durante la tribulación venidera. *"Y se les mandó que no dañasen a la hierba de la tierra, ni a cosa verde alguna, ni a ningún árbol, sino solamente a los hombres que no tuviesen el sello de Dios en sus frentes"* (Apocalipsis 9:4).

Si Ezequiel 9:1–6 es para nosotros hoy, la iglesia está en graves apuros.

## El engaño doble y la traición de las mujeres

Los eruditos de la Biblia han enseñado desde hace mucho que la serpiente engañó a Eva, y es cierto. Culpan a Eva por hacer pecar a Adán y permitir que la muerte entrara en el mundo. Pero no es eso lo que dice la Biblia.

El trabajo de Satanás era mentir y engañar, e hizo muy bien su trabajo. A la vez, el trabajo de Adán era proteger y guiar a Eva. Él no solo falló miserablemente, sino que lo hizo de forma intencionada.

La serpiente engañó a Eva, pero no a Adán: *"Y Adán no fue engañado, sino que la mujer, siendo engañada, incurrió en transgresión"* (1 Timoteo 2:14). ¿Por qué no fue engañado Adán por la serpiente? ¿Acaso no comió él también del fruto prohibido? La respuesta, como mencionamos en un capítulo previo, es que Adán no tuvo que ser engañado; él ya se había engañado a sí mismo. Ya quería ser como Dios, pero no sabía cómo hacerlo. Estaba buscando la oportunidad. Cuando escuchó a la serpiente hablando con Eva, encontró su método. Él comió voluntariamente del fruto prohibido con premeditación en su corazón.

> El trabajo de Satanás era mentir y engañar, e hizo muy bien su trabajo. A la vez, el trabajo de Adán era proteger y guiar a Eva. Él no solo falló miserablemente, sino que lo hizo de forma intencionada.

Adán razonó: "Si me atrapan, siempre podré culpar a Eva". Cuando Dios salió al encuentro de Adán, esto fue lo que dijo: *"Y el hombre respondió: La mujer que me diste por compañera me dio del árbol, y yo comí"* (Génesis 3:12). En otras palabras: "No me culpes a mí, Dios. Fuiste *tú* el que me dio a Eva para estar conmigo, y fue *ella* la que desobedeció y comió del árbol. Después, me dio a mí. No es culpa mía. No me mates a mí, ¡mátala a ella!".

Primero culpó a Dios; después culpó a su esposa. Según su opinión, él no fue responsable. Esa es la naturaleza del primer Adán, y es la naturaleza de los hombres con el espíritu de Acab. Son intachables en su propia opinión. Se llama "hacerse la víctima" y "pasar el turno".

Los Acab de este mundo continúan culpando a otros de sus problemas. Ellos son las víctimas y no la causa. Sus esposas u otras personas tienen la culpa. Adán dijo, en verdad: "No tuve otra opción. Mi esposa me obligó a hacerlo. Yo no soy responsable.". Los hombres hacen esto continuamente. Hay muchos niños de mamá irresponsables, holgazanes y sin trabajo ahí fuera, que permiten o persuaden a sus esposas o amigas para hacer casi todo. Y a las mujeres les encanta.

Los Acab de este mundo continúan culpando a otros de sus problemas. Ellos son las víctimas y no la causa. Sus esposas u otras personas tienen la culpa.

Los esposos Acab usan a las esposas Jezabel para que les impidan aventurarse en el mundo y confrontar sus temores. A menudo son cobardes irresponsables que ofrecen a Dios servicio de labios. A veces, usan el nombre de Jesús, si ven que pueden conseguir algo con ello, como hizo el rey Acab en 1 Reyes 22, cuando intentó persuadir al rey Josafat para que se uniera a él en batalla fingiendo que adoraba al Dios de Israel. Más de un político ha usado el mismo plan, besando a bebés y gritando: "¡Aleluya! Gloria a Dios. ¡Gracias, Jesús!".

Los hombres Acab son oportunistas, como lo fue el primer Adán.

## Una asociación impía

Al igual que Satanás, los hombres Acab están usando temporalmente a las mujeres para su propio interés. Es una unión impía entre el diablo y el espíritu del Adán caído. Cuando el tiempo madure, la bestia hará a un lado a las mujeres Jezabel.

> *Y los diez cuernos que viste en la bestia, éstos aborrecerán a la ramera,* **y la dejarán desolada y desnuda; y devorarán sus carnes, y la quemarán con fuego;** *porque Dios ha puesto en sus corazones el ejecutar lo que él quiso: ponerse de acuerdo, y dar su reino a la bestia, hasta que se cumplan las palabras de Dios.* (Apocalipsis 17:16–17)

Cuando las Eva de este mundo terminen de hacer su trabajo sucio, el espíritu del Adán caído se levantará y las echará a patadas. La mujer que se sienta sobre la bestia será arrojada y la bestia la pisará. La mujer ya no se vuelve a mencionar después. Apocalipsis 13 habla de la bestia de Satanás y una segunda bestia, pero no de la mujer. Lo mismo ocurre en Apocalipsis capítulos 14 y 19, lo cual habla de la bestia dictadora de

Satanás. ¿Qué le ocurrió después a la mujer que iba sobre la bestia? No está. Al final, la bestia gobierna el mundo sola.

Algunas mujeres quizá presuman de esta novedosa superioridad sobre los hombres, pero es un truco enrevesado. Adán se quedó a un lado y permitió que Eva fuera engañada, porque tenía un propósito secreto y egoísta. Quería ser como Dios y no tenía intención de compartir su poder con Eva. No hay forma en que el espíritu del primer Adán vaya a permitir que las Eva de este mundo se suban a su espalda y sean las que gobiernen este mundo. Las Eva y Jezabel del mundo serán derrocadas.

El esposo holgazán, pasivo, irresponsable es más listo de lo que usted cree.

## El regreso de Adán

*La bestia que has visto, era, y no es; y está para subir del abismo e ir a perdición; y los moradores de la tierra, aquellos cuyos nombres no están escritos desde la fundación del mundo en el libro de la vida, se asombrarán viendo la bestia que era y no es, y será.*

(Apocalipsis 17:8)

El espíritu original del Adán caído está en el pozo sin fondo y no está aquí en este tiempo presente, pero su espíritu del anticristo cubre la tierra. Ha pasado a través de las generaciones. Adán es el que quería ser como Dios, el otro dios o en lugar de Dios, el Anticristo, el hombre de pecado, el hijo de perdición que se sienta en el templo de Dios, que es nuestro cuerpo, en nuestro corazón, proclamando que él es Dios y oponiéndose a todo lo que es Dios.

*Nadie os engañe en ninguna manera; porque no vendrá sin que antes venga la apostasía, y se manifieste el hombre de pecado, el hijo de perdición, el cual se opone y se levanta contra todo lo que se llama Dios o es objeto de culto; tanto que se sienta en el templo de Dios como Dios, haciéndose pasar por Dios.*   (2 Tesalonicenses 2:3–4)

El espíritu original del Adán caído está en el pozo sin fondo y no está aquí en este tiempo presente, pero su espíritu del anticristo cubre la tierra. Ha pasado a través de las generaciones.

Fue Adán a quien se le llamó "el hombre" y quien se convirtió en *"el hombre de pecado"* cuando se rebeló contra Dios. La destrucción y la muerte entraron en el mundo a través de él. Es el espíritu del Adán caído el que gobierna el mundo hoy. El espíritu del anticristo original de Adán estará en alguien que proclame que él es Dios, o blasfeme de Dios. Al final del mundo, volverá a la perdición.

*"El que tiene oído, oiga lo que el Espíritu dice a las iglesias"* (Apocalipsis 2:7, 11, 17, 29; 3:6, 13, 22).

## Resumen

Acab y Jezabel gobiernan sobre la iglesia hoy día, pero la gran mayoría de nuestros líderes no tienen ni idea de ello. Dios odia a Jezabel y destruirá ese espíritu traicionero y a todos sus hijos. Él ha decretado muerte para todos los que la sigan.

Comenzó en el jardín del Edén cuando Eva le quitó el liderazgo a Adán, sin consultarle, comiendo del fruto prohibido del árbol del conocimiento del bien y del mal. A lo largo de la historia, los hombres han culpado a Eva de la caída, pero es un truco muy sucio. Las mujeres están siendo utilizadas, tanto por Satanás como por el espíritu del Adán caído.

La verdad es que Adán no fue engañado por la serpiente. Él ya quería ser como Dios, pero no tenía el valor de hacer algo al respecto. Cuando oyó que la serpiente engañó a su esposa, dio un paso atrás y permitió que ella fuera engañada. Era la oportunidad de Adán de ser como Dios. Y los hombres de todo el mundo siguen aprovechándose de esa oportunidad en la actualidad.

Adán estuvo dispuesto a sacrificar a su propia esposa para obtener lo que quería. Traicionó a Eva. Incluso hoy día, las Eva del mundo están siendo engañadas por la serpiente y el espíritu del Adán caído. Esa es una de las razones por las que el apóstol Pablo mandó que los esposos amen a sus esposas, así como Cristo amó a la iglesia y murió por ella.

Según las Escrituras, una vez que la mujer sentada en la bestia logre destruir la iglesia y controlar el mundo, la bestia se volverá contra ella y la destruirá. La bestia no tiene intención alguna de compartir su trono con una mujer. Las mujeres están siendo utilizadas por el diablo y los Acab del mundo. El espíritu del Adán caído es un niño de mamá holgazán, sin trabajo y sin ambición, por el momento. Pero tiene planes.

Muchos hombres dan la bienvenida al dominio femenino, porque son demasiado perezosos para aceptar las responsabilidades que Dios les ha dado. Lo tienen fácil cuando sus esposas toman el mando. Las esposas, por el contrario, están alegres de tener la oportunidad de ser el jefe de la familia, o el lugar de trabajo, el gobierno y la sociedad en general. Alardean de la igualdad de oportunidades. Pero la única oportunidad igual verdadera es una oportunidad igual de destrucción. Las mujeres mueren de ataques al corazón a un índice casi igual que el de los hombres en nuestros días.

No se deje engañar.

# 14

# LIBERACIÓN DE ACAB Y JEZABEL

Este capítulo no es para los que sienten náuseas y son tímidos. Se necesita decisión para librar a su familia de los espíritus de Jezabel y Acab. La liberación puede ser bastante abrumadora; pero Dios ungirá a los que deseen hacer guerra contra ellos. Jezabel no se irá fácilmente. Nos enfocaremos en Jezabel primero y luego hablaremos de cómo sacar a Acab del matrimonio. Una palabra de precaución antes de proceder. No acuse alocadamente a su esposa de ser una Jezabel, o a su esposo de ser un Acab. No todas las mujeres inteligentes y agresivas son Jezabel y no todos los hombres callados y modestos son Acab. Usted necesita discernimiento de Dios, así como un buen consejo de cristianos maduros que sean sensibles a la guía del Espíritu Santo.

Forzar a personas a recibir liberación acusándoles erróneamente de tener ciertos espíritus nunca funciona. Las falsas acusaciones pueden crear conflictos innecesarios e injustificados en el matrimonio y otras relaciones. Si, no obstante, usted tiene una fuerte sospecha de las obras de Jezabel y/o Acab en su matrimonio, puede proceder a orar y pedir a Dios liberación. Recuerde: donde hay un espíritu de Jezabel, probablemente esté también un espíritu de Acab al acecho.

## Confesión y arrepentimiento

Los espíritus malignos reconocen a los cristianos, y evitarán a las personas que sean conscientes de ellos.

El primer paso es la confesión y el arrepentimiento. Si usted (mujer u hombre) discierne que tiene este espíritu, confiéselo a Dios y arrepiéntase. La confesión expone a Jezabel y Acab y debilita su capacidad de resistir. A ellos les encanta esconderse y actuar inadvertidos en un segundo plano. Cuando Dios expone su presencia, se vuelven temerosos y se debilitan.

He visto a mujeres ser liberadas de Jezabel que más tarde compartieron que siempre que me habían visto previamente, algo en ellas les decía que se fueran y me evitaran. Los espíritus malignos reconocen a los cristianos, y evitarán a las personas que sean conscientes de ellos. Algunas mujeres incluso me han dicho que siempre que pasaba por su lado de camino al púlpito, sentían la urgencia de sacarme los ojos. Los espíritus saben cuándo hay alguien en la sala que puede echarlos fuera.

*Había siete hijos de un tal Esceva, judío, jefe de los sacerdotes, que hacían esto. Pero respondiendo el espíritu malo, dijo: A Jesús conozco, y sé quién es Pablo; pero vosotros, ¿quiénes sois? Y el hombre en quien estaba el espíritu malo, saltando sobre ellos y dominándolos,*

*pudo más que ellos, de tal manera que huyeron de aquella casa des-*
*nudos y heridos.*                                      (Hechos 19:14–16)

Los siete hijos de Esceva usaban el nombre de Jesús y fingían ser
cristianos, pero los demonios sabían que estaban mintiendo. Los demonios pueden reconocer a los verdaderos cristianos que tienen el Espíritu
de Dios viviendo en ellos.

## La revelación debilita a Jezabel y Acab

Por sus frutos los conocerán.

*Así, todo buen árbol da buenos frutos, pero el árbol malo da frutos*
*malos. No puede el buen árbol dar malos frutos, ni el árbol malo dar*
*frutos buenos. Todo árbol que no da buen fruto, es cortado y echado*
*en el fuego. Así que, por sus frutos los conoceréis.* (Mateo 7:17–20)

A veces, cuando un predicador
está enseñando sobre estos espíritus
malignos, los espíritus se ponen ner-
viosos y comienzan a manifestarse
en la persona en la que residen. Una
vez, mientras estaba predicando, una
mujer de la audiencia se levantó y
gritó: "¡Deje de hablar de mí!". Otra
vez, una mujer arrojó su Biblia a mi
pastor. Por lo general, las mujeres
Jezabel simplemente miran fijamente
al predicador.

> Los hombres tienen
> que reconocer sus fallos
> en servir a Dios, en no
> cumplir su función como
> cabeza espiritual de su
> familia, en descuidar sus
> tareas como sacerdotes
> del hogar, y en explorar la
> obscenidad sexual.

Una persona que busca ser liberada de estos demonios insidiosos
tiene que reconocer que él o ella tie-
ne, o puede tener, estos feos espíritus. Esto es aplicable también a los
hombres con un espíritu de Acab. Los hombres tienen que reconocer sus
fallos en servir a Dios, en no cumplir su función como cabeza espiritual

de su familia, en descuidar sus tareas como sacerdotes del hogar, y en explorar la obscenidad sexual.

El arrepentimiento por parte tanto del marido como de la mujer es importante. En el caso de que un cónyuge rehúse participar, la esposa o el marido debería proceder a limpiarse a sí mismo de los espíritus de Jezabel y Acab, de todos modos.

## Debilitar a Jezabel y Acab

Para debilitar al espíritu de Jezabel y Acab, uno debe decidir obedecer a Dios y las advertencias dadas por el apóstol Pablo. El hombre que sospeche que pueda tener el espíritu de Acab debe aceptar la responsabilidad de liderar su familia. Arrepiéntase y pídale a Dios que le ayude a buscarle. Comience a orar por su familia y deje de hacerse la víctima. Asuma la responsabilidad de hacer que su matrimonio funcione y de cuidar de su esposa e hijos. Busque las áreas de responsabilidad que haya eludido o evitado. Deje de ser holgazán y pasivo. Cree amor por su esposa y su familia, diaria e intencionalmente, con la intención de obedecer a Dios. Pase tiempo con su familia y deje de culpar a otras personas o circunstancias.

Si usted como esposa, especialmente, sospecha que podría tener un espíritu de Jezabel, comprométase nuevamente a obedecer a Dios y a someterse a su marido en humildad. Haga lo opuesto de lo que hace Jezabel. Ayude a su esposo a asumir sus responsabilidades. Resista la urgencia de ponerse manos a la obra y decir: "Olvídalo. Yo lo haré". Resista el controlar a otros, manipular a otros, o ser "mandona". Arrepiéntase y pídale a Dios que le ayude. Él es su libertador.

## El perdón invalida la amargura

Muchas mujeres (y hombres) adquieren sus espíritus de Jezabel a través del rechazo y la amargura. Hay una raíz de amargura que incluye los espíritus de resentimiento, amargura, enojo, falta de perdón, venganza, e incluso suicidio y asesinato. La brujería da la ilusión de tener control y poder, y muchas personas en el mundo buscan ese poder como una forma de protegerse contra los sentimientos de rechazo.

Si usted está orando por una mujer con el propósito de echar fuera demonios, comience haciendo que perdone a todo aquel que le haya herido en el pasado, especialmente a su padre y otras figuras masculinas. Como mencionamos en el capítulo anterior, haga una lista de todas las personas a las que ella necesita perdonar, incluyendo padres, hermanos, familiares, amigos que le traicionaron, etc.

Cuando haya perdón para todo aquel que recuerde, rompa las maldiciones que acompañaron a la falta de perdón. Como Dios no nos perdonará hasta que no perdonemos primero a otros, tenemos que progresar de perdonar a otros a arrepentirnos y pedirle a Dios que nos perdone por nuestros propios pecados. Arrepiéntase de cualquier conducta controladora, manipuladora o brujería. Después, ore para romper toda maldición que vino por nuestros propios pecados.

Muchos cristianos no se dan cuenta de que han hurgado en lo oculto. La gente a menudo visita a un adivino y, como consecuencia, recibe maldiciones y espíritus. Esto incluye a los que leen las cartas del tarot, los que leen hojas de té y la mano, horóscopos, I-Ching y adivinos y videntes religiosos, como encontramos en el budismo, taoísmo, hinduismo, islam, la religión Kahuna hawaiana y el sintoísmo. Lo oculto también incluye muchos juegos de computadora,

> Antes de poder echar fuera al espíritu de Jezabel, debe primero echar fuera a sus sirvientes: espíritus subordinados bajo el control de este espíritu dirigente. Ella es la reina y tiene muchos espíritus por debajo, como la falta de perdón, odio al padre o la madre, odio a los hombres, amargura, rechazo, rebeldía, temor a los hombres y otros espíritus relacionados con el rechazo y la raíz de amargura.

como Dragones y Mazmorras y tablas de la ouija. Ate y eche fuera el rechazo, falta de perdón, amargura, el temor a los hombres, odio a los hombres, abuso sexual, etc.[11]

Una persona con el espíritu de Jezabel necesita querer sinceramente ser libre. A veces, puede ir directamente contra Jezabel, pero en otros casos, será una feroz batalla que conllevará a otros espíritus que deben ser confrontados primero. Antes de poder echar fuera al espíritu de Jezabel, debe primero echar fuera a sus sirvientes: espíritus subordinados bajo el control de este espíritu dirigente. Ella es la reina y tiene muchos espíritus por debajo, como la falta de perdón, odio al padre o la madre, odio a los hombres, amargura, rechazo, rebeldía, temor a los hombres y otros espíritus relacionados con el rechazo y la raíz de amargura. Ella empujará a sus subordinados a la superficie mientras se esconde en su mazmorra. A veces se le ve a ella en el espíritu como una mujer desnuda con sobrepeso y con asistentes que peinan su cabello y se preocupan de ella. Otras veces, se le ve como una araña viuda negra con la cara de una hermosa mujer con cabello oscuro y labios rojos brillantes. También puede parecer como una joven hermosa que puede transformarse de repente en una vieja bruja.

Jezabel, por lo general, se esconde hasta que llegue hasta ella en la batalla. Permanecerá en silencio hasta que ya no aguante más. Puede esconderse en la médula ósea, haciendo que las mujeres pongan su mano en su espalda. Algunos creen que ella es también el espíritu hindú de Kundalini, una serpiente con siete colas y media viviendo en la base de la columna. Una mujer tuvo una visión de Jezabel que aparecía como un grupo de cucarachas escondiéndose debajo de una casa.

Cuando Jezabel sale, invariablemente comienza a gemir o gritar. Cuando oiga gritos durante una liberación, la mayoría de las veces es Jezabel manifestándose y a punto de salir. La facilidad de echar fuera a Jezabel depende de lo fuerte que sea este espíritu en particular. En una escala de uno a diez, un cinco es bastante fuerte y un ocho ahonda en el satanismo y la brujería empedernida.

11. Para más detalles, lea mis libros *Spiritual Warfare* y *Waging Spiritual Warfare* (publicados por Whitaker House), u otros libros sobre Jezabel.

A veces, este espíritu fingirá que se ha ido cuando en realidad no lo ha hecho. A veces exclamará: "Se ha ido. Ya nos podemos ir a casa". Cuando esto ocurre, mande a la persona que diga: "Jesucristo es Señor". A los demonios les cuesta, si es que pueden, decir estas palabras. Si sigue atando a Jezabel y ordenándole que salga en el nombre de Jesús, ella de repente se manifestará y comenzará a gritar. El grito es una señal de debilidad y saldrá en breve si usted persiste.

Jezabel es un espíritu inteligente y astuto. Puede hacer que su anfitrión parezca inteligente, también. Mi pastor contó que una vez tuvo a una joven de catorce años en su iglesia que podía multiplicar un número de cinco cifras por otro número de cinco cifras y dar la respuesta correcta en cuestión de segundos. Cuando echaron fuera a Jezabel, le costaba multiplicar cifras de dos números. De nuevo, no quiero decir con esto que todas las mujeres inteligentes tengan este espíritu.

## Echar fuera a Acab

Espiritualmente, tiene que perseguir al espíritu de Acab también en el esposo. Él es el que permite que Jezabel actúe en su familia. Un esposo Acab puede parecer físicamente fuerte y masculino, pero por dentro, es un hombre pasivo que odia luchar y discutir con su esposa, así que toma la salida fácil y cede ante ella la mayoría de las veces. Abdica fácilmente su autoridad legítima dada por Dios. Esto, por supuesto, no significa que los esposos deban ser inflexibles y mandones. Una señal reveladora es su falta de espiritualidad y una predilección hacia el adulterio, las juergas y las aventuras sexuales. No tiene un verdadero interés por las cosas profundas de Dios, y por lo general es pasivo y sumiso con las mujeres, y nada espiritual. A menudo tiene un historial de rechazo de sus padres, hermanos o amigos.

Acab y Jezabel van juntos. Es raro tener una esposa Jezabel sin un marido Acab. Acab es el que permite que Jezabel gobierne. Por supuesto, Jezabel puede controlar a jovencitas que aún no están casadas también. A menudo, una madre es una Jezabel y un padre un Acab.

> Confíe en Dios y su poder. Él le ha dado poder sobre Jezabel y Acab y sobre Satanás mismo.

La brujería, junto con su manipulación y control sobre la humanidad, es la herramienta de Satanás. Sáquelo de su matrimonio y su vida. *"Y oí otra voz del cielo, que decía: Salid de ella, pueblo mío, para que no seáis partícipes de sus pecados, ni recibáis parte de sus plagas"* (Apocalipsis 18:4).

Confíe en Dios y su poder. Él le ha dado poder sobre Jezabel y Acab y sobre Satanás mismo. *"He aquí os doy potestad de hollar serpientes y escorpiones, y sobre toda fuerza del enemigo, y nada os dañará"* (Lucas 10:19). *"¿Qué, pues, diremos a esto? Si Dios es por nosotros, ¿quién contra nosotros?"* (Romanos 8:31).

## Resumen

La revelación debilita los espíritus de Jezabel y Acab. Específicamente, estos espíritus se debilitan cuando sus anfitriones reconocen su presencia y comienzan a contraatacarlos obedeciendo a Dios y sometiéndose a su Palabra. Jezabel y Acab encuentran puertas abiertas a personas que albergan falta de perdón y amargura hacia otros, especialmente hacia los que les han rechazado en el pasado. Los hombres Acab con frecuencia reaccionan al rechazo volviéndose temerosos y pasivos, mientras que las mujeres tienden a albergar amargura, rencor y rebeldía. La rebeldía es tan culpable como el pecado de brujería. (Véase 1 Samuel 15:23).

Busque a Dios y ore por liberación.

# 15

# A IMAGEN DE SU HIJO

A sí, querido lector, hemos llegado al final de nuestro viaje juntos en la búsqueda de un matrimonio largo y duradero lleno de amor y del cumplimiento de los propósitos de Dios.

En este libro, hemos explicado los principios esenciales del matrimonio, según la Palabra de Dios, que comenzaron en el jardín del Edén. El deseo de Adán de ser como Dios cambió los principios de Dios del matrimonio. Su fantasía se llevó a cabo cuando la serpiente engañó a Eva. Desde ese momento, la humanidad ha operado sobre la base de que el hombre es Dios. Incluso hasta el mismo final de este presente siglo, el espíritu del Adán caído controla los pensamientos y la conducta de hombres y mujeres en todo lugar. O bien el primer Adán, el hombre de pecado, o el último Adán, Jesucristo, se sienta en el trono de su corazón. Solo hay espacio para uno.

Los espíritus de Acab y Jezabel son extensiones de los espíritus de los caídos Adán y Eva, a medida que la humanidad continúa jugando a ser Dios. La creencia de que el hombre es Dios llegará a un clímax cuando el espíritu del Adán caído, el que afirma ser el Cristo que salvará al mundo pero de hecho será el anticristo, conforma el último empujón para gobernar el mundo y controlar las mentes de todos los que moran en la tierra. La marca de la bestia es el número de hombre, el hombre de pecado, el Adán caído.

> Los espíritus de Acab y Jezabel son extensiones de los espíritus de los caídos Adán y Eva, a medida que la humanidad continúa jugando a ser Dios.

Adán y Eva rechazaron el plan de Dios para el matrimonio e invirtieron la relación entre marido y mujer. El último Adán, Jesucristo, vino para deshacer el mal y el veneno generado por Adán y Eva, y todas las obras del diablo. Los escritos del apóstol Pablo en Efesios 5:22–23 nos recuerdan los principios de Dios para el matrimonio, como eran originalmente. Pueden llevarnos de nuevo al jardín del Edén donde podemos restaurar todo lo que Adán y Eva perdieron.

## A imagen de Jesús

Desde antes de que creara el mundo, Dios se propuso tener hijos e hijas a imagen de su Hijo, Jesús, *"Porque a los que antes conoció, también los predestinó para que fuesen hechos conformes a la imagen de su Hijo, para que él sea el primogénito entre muchos hermanos"* (Romanos 8:29). Es por esta misma razón que nuestro Señor Jesucristo sufrió y murió por nosotros en la cruz.

*Bendito sea el Dios y Padre de nuestro Señor Jesucristo, que nos ben-*
*dijo con toda bendición espiritual en los lugares celestiales en Cristo,*
*según nos escogió en él antes de la fundación del mundo, para que*
*fuésemos santos y sin mancha delante de él, en amor habiéndonos*
*predestinado para ser adoptados hijos suyos por medio de Jesucristo,*
*según el puro afecto de su voluntad, para alabanza de la gloria de su*
*gracia, con la cual nos hizo aceptos en el Amado, en quien tenemos*
*redención por su sangre, el perdón de pecados según las riquezas de*
*su gracia, que hizo sobreabundar para con nosotros en toda sabidu-*
*ría e inteligencia, dándonos a conocer el misterio de su voluntad, se-*
*gún su beneplácito, el cual se había propuesto en sí mismo, de reunir*
*todas las cosas en Cristo, en la dispensación del cumplimiento de los*
*tiempos, así las que están en los cielos, como las que están en la tie-*
*rra. En él asimismo tuvimos herencia, habiendo sido predestinados*
*conforme al propósito del que hace todas las cosas según el designio*
*de su voluntad.*                                          (Efesios 1:3–11)

El noviazgo entre Cristo y su iglesia comenzó hace casi dos mil años, cuando Él resucitó de la muerte. Su esposa está siendo preparada ahora mismo. La relación entre marido y mujer es la misma que la relación entre Cristo y su iglesia, su novia. (Véase Efesios 5:22). Así como Cristo fue manso, sumiso y obediente al Padre hasta la muerte, los maridos y las esposas están llamados a ser como Él.

> Así como Cristo fue manso, sumiso y obediente al Padre hasta la muerte, los maridos y las esposas están llamados a ser como Él.

Todos estamos en una carrera hacia la perfección en Jesucristo. El apóstol Pablo aludió a esto en 1 Corintios 9:24–27:

*¿No sabéis que los que corren en el estadio, todos a la verdad corren,*
*pero uno solo se lleva el premio? Corred de tal manera que lo obten-*
*gáis. Todo aquel que lucha, de todo se abstiene; ellos, a la verdad,*
*para recibir una corona corruptible, pero nosotros, una incorrup-*

218 Guerra Espiritual por su Matrimonio

*tible. Así que, yo de esta manera corro, no como a la ventura; de
esta manera peleo, no como quien golpea el aire, sino que golpeo mi
cuerpo, y lo pongo en servidumbre, no sea que habiendo sido heraldo
para otros, yo mismo venga a ser eliminado.*

Pablo entendió que Dios ha colocado una corona de justicia delante de todos los cristianos. Él rindió todo lo que tenía para perseguir a Jesucristo y alcanzar la corona de justicia preparada para él en el cielo. Nosotros nos asombramos por alguien como Pablo, que pudo soportar tanto sufrimiento para correr la carrera.

> *¿Son hebreos? Yo también. ¿Son israelitas? Yo también. ¿Son descendientes de Abraham? También yo.¿Son ministros de Cristo? (Como si estuviera loco hablo.) Yo más; en trabajos más abundante; en azotes sin número; en cárceles más; en peligros de muerte muchas veces. De los judíos cinco veces he recibido cuarenta azotes menos uno. Tres veces he sido azotado con varas; una vez apedreado; tres veces he padecido naufragio; una noche y un día he estado como náufrago en alta mar; en caminos muchas veces; en peligros de ríos, peligros de ladrones, peligros de los de mi nación, peligros de los gentiles, peligros en la ciudad, peligros en el desierto, peligros en el mar, peligros entre falsos hermanos; en trabajo y fatiga, en muchos desvelos, en hambre y sed, en muchos ayunos, en frío y en desnudez; y además de otras cosas, lo que sobre mí se agolpa cada día, la preocupación por todas las iglesias.* (2 Corintios 11:22–28)

Ninguno de nosotros ha llegado a acercarse a sufrir como Pablo sufrió. El gran apóstol rindió alegremente toda la fama, riqueza y comodidades del mundo para perseguir aquello para lo que estaba destinado.

> *Aunque yo tengo también de qué confiar en la carne. Si alguno piensa que tiene de qué confiar en la carne, yo más: circuncidado al octavo día, del linaje de Israel, de la tribu de Benjamín, hebreo de hebreos; en cuanto a la ley, fariseo; en cuanto a celo, perseguidor de la iglesia; en cuanto a la justicia que es en la ley, irreprensible. Pero cuantas cosas eran para mí ganancia, las he estimado como pérdida*

*por amor de Cristo. Y ciertamente, aun estimo todas las cosas como pérdida por la excelencia del conocimiento de Cristo Jesús, mi Señor, por amor del cual lo he perdido todo, y lo tengo por basura, para ganar a Cristo, y ser hallado en él, no teniendo mi propia justicia, que es por la ley, sino la que es por la fe de Cristo, la justicia que es de Dios por la fe; a fin de conocerle, y el poder de su resurrección, y la participación de sus padecimientos, llegando a ser semejante a él en su muerte, si en alguna manera llegase a la resurrección de entre los muertos.* (Filipenses 3:4–11)

Cuando el apóstol escribió esta epístola, estaba luchando por alcanzar la perfección en Jesucristo. *"No que lo haya alcanzado ya, ni que ya sea perfecto; sino que prosigo, por ver si logro asir aquello para lo cual fui también asido por Cristo Jesús"* (Filipenses 3:12). La *Nueva Versión Internacional* lo dice de esta forma: *"sigo adelante esperando alcanzar aquello para lo cual Cristo Jesús me alcanzó a mí"*.

Pablo nos exhorta a seguir su ejemplo y buscar la perfección en Jesucristo. Grande es nuestra herencia en el Señor, y maravillosa es la corona de justicia preparada para los que corren la carrera hasta la meta.

*Prosigo a la meta, al premio del supremo llamamiento de Dios en Cristo Jesús. Así que, todos los que somos perfectos, esto mismo sintamos; y si otra cosa sentís, esto también os lo revelará Dios. Pero en aquello a que hemos llegado, sigamos una misma regla, sintamos una misma cosa. Hermanos, sed imitadores de mí, y mirad a los que así se conducen según el ejemplo que tenéis en nosotros.* (Filipenses 3:14–17)

Justo antes de ser ejecutado, Pablo sabía que había terminado su carrera y que le esperaba en el cielo una corona de justicia.

*Porque yo ya estoy para ser sacrificado, y el tiempo de mi partida está cercano. He peleado la buena batalla, he acabado la carrera, he guardado la fe. Por lo demás, me está guardada la corona de justicia, la cual me dará el Señor, juez justo, en aquel día; y no sólo a mí, sino también a todos los que aman su venida.* (2 Timoteo 4:6–8)

# El apóstol Pablo vio el cielo

¿Cómo pudo soportar el amado apóstol todo su sufrimiento por Cristo? Muchos eruditos bíblicos creen que Pablo recibió un avance de lo que le esperaba en el cielo si aguantaba. Al comienzo de su ministerio, Pablo fue apedreado hasta la muerte. Dios le devolvió la vida y sanó su cuerpo.

> *Entonces vinieron unos judíos de Antioquía y de Iconio, que persuadieron a la multitud, y habiendo apedreado a Pablo, le arrastraron fuera de la ciudad, pensando que estaba muerto. Pero rodeándole los discípulos, se levantó y entró en la ciudad; y al día siguiente salió con Bernabé para Derbe.*                    (Hechos 14:19–20)

En esos días, el principal medio de transporte de la gente era caminar. Al día siguiente, Pablo y Bernabé caminaron hasta la ciudad de Derbe. El cuerpo de Pablo debía de estar destrozado, rasgado, amoratado y aplastado. Pero Dios le sanó por completo.

Durante el tiempo que Pablo estuvo muerto en la tierra, fue al cielo y vio y oyó cosas tan maravillosas que no hay palabras para describirlas. Catorce años después, el apóstol escribió estas palabras:

> *Conozco a un hombre en Cristo, que hace catorce años (si en el cuerpo, no lo sé; si fuera del cuerpo, no lo sé; Dios lo sabe) fue arrebatado hasta el tercer cielo. Y conozco al tal hombre (si en el cuerpo, o fuera del cuerpo, no lo sé; Dios lo sabe), que fue arrebatado al paraíso, donde oyó palabras inefables que no le es dado al hombre expresar. De tal hombre me gloriaré; pero de mí mismo en nada me gloriaré, sino en mis debilidades. Sin embargo, si quisiera gloriarme, no sería insensato, porque diría la verdad; pero lo dejo, para que nadie piense de mí más de lo que en mí ve, u oye de mí. Y para que la grandeza de las revelaciones no me exaltase desmedidamente, me fue dado un aguijón en mi carne, un mensajero de Satanás que me abofetee, para que no me enaltezca sobremanera; respecto a lo cual tres veces he rogado al Señor, que lo quite de mí. Y me ha dicho: Bástate mi gracia; porque mi poder se perfecciona en la debilidad. Por tanto, de buena*

*gana me gloriaré más bien en mis debilidades, para que repose sobre*
*mí el poder de Cristo. Por lo cual, por amor a Cristo me gozo en las*
*debilidades, en afrentas, en necesidades, en persecuciones, en angus-*
*tias; porque cuando soy débil, entonces soy fuerte.*

(2 Corintios 12:2–10)

Él estaba hablando de su propio viaje. Pablo sabía lo que le esperaba si soportaba los sufrimientos venideros por causa del reino de Dios. Dios le fortaleció transportándole al cielo y mostrándole las maravillas que le esperaban, y a todos aquellos que se atreven a correr la carrera hacia la gloria. El apóstol Pedro lo llamó *"la corona incorruptible de gloria"* (1 Pedro 5:4).

> Dios quiere que usted obtenga la recompensa más alta posible y cumpla el deseo de Dios de que usted tenga hijos e hijas a imagen de su Hijo, Jesús. El matrimonio es una parte importante de esa carrera, uno de los campos de entrenamiento de Dios.

Hay niveles distintos de recompensas en el cielo. Dios quiere que usted obtenga la recompensa más alta posible y cumpla el deseo de Dios de que usted tenga hijos e hijas a imagen de su Hijo, Jesús. (Véase Romanos 8:29). El matrimonio es una parte importante de esa carrera, uno de los campos de entrenamiento de Dios.

Por lo tanto, querido lector, oramos para que Dios abra los ojos de su entendimiento y le dé revelación en el conocimiento de Él y de lo que tiene preparado para usted si corre la carrera.

*Para que el Dios de nuestro Señor Jesucristo, el Padre de gloria, os*
*dé espíritu de sabiduría y de revelación en el conocimiento de él,*
*alumbrando los ojos de vuestro entendimiento, para que sepáis cuál*
*es la esperanza a que él os ha llamado, y cuáles las riquezas de la*
*gloria de su herencia en los santos, y cuál la supereminente grandeza*
*de su poder para con nosotros los que creemos, según la operación*

222 Guerra Espiritual por su Matrimonio

*del poder de su fuerza, la cual operó en Cristo, resucitándole de los muertos y sentándole a su diestra en los lugares celestiales, sobre todo principado y autoridad y poder y señorío, y sobre todo nombre que se nombra, no sólo en este siglo, sino también en el venidero; y sometió todas las cosas bajo sus pies, y lo dio por cabeza sobre todas las cosas a la iglesia, la cual es su cuerpo, la plenitud de Aquel que todo lo llena en todo.* (Efesios 1:17–23)

Esfuércese por obedecer a Dios.

Esposas, sométanse a sus esposos en todas las cosas, así como al Señor.

Maridos, amen a sus esposas, así como Cristo amó a la iglesia y murió por ella.

Oramos para que usted también entienda las maravillas que le esperan en el cielo un día si aguanta. Que Dios le bendiga ricamente y le guarde, y que las pruebas, sufrimientos, dificultades y obstáculos en su matrimonio le acerquen más a Él y le moldeen a la imagen de nuestro Señor Jesucristo. Amén.

# APÉNDICE A

## ¿Qué quiere?

(Tanto el marido como la esposa deben llenar su propia hoja para comparar/dialogar después).

1. ¿Qué quiere de su matrimonio?

Marido: _____

_____

_____

_____

Esposa: _____

_____

_____

_____

2. ¿Qué quiere de su cónyuge?

Marido: _____

_____

_____

_____

Esposa: _____

_____

_____

_____

3. ¿Qué está dispuesto a aportar a su matrimonio?

Marido: _____

_____

_____

_____

Esposa: _____

_____

_____

_____

# APÉNDICE B

## Acuerdos

(Tanto el marido como la esposa deben llenar hojas separadas y dialogar después).

1.¿Dónde quiere vivir inicialmente?

Marido: _____

_____

_____

_____

Esposa: _____

_____

_____

_____

2.¿Durante cuánto tiempo?

Marido: _____

_____

_____

_____

Esposa: _____

_____

_____

_____

3.Finalmente, ¿dónde quiere vivir?

Marido: _____

_____

_____

_____

Esposa: _____

_____

_____

_____

4.¿Qué tipo de casa o apartamento? Describa.

Marido: _____

_____

_____

_____

Esposa: _____

_____

_____

_____

5.¿Qué tamaño? ¿Número de habitaciones?

Marido: _____

_____

_____

_____

Esposa: _____

_____

_____

_____

6.¿Cuánto está dispuesto a gastar en una casa o apartamento?

Marido: _____

_____

_____

_____

Esposa: _____

_____

_____

_____

7.¿Cuánto está dispuesto a esperar?

Marido: _____

_____

_____

_____

Esposa: _____

_____

_____

_____

8.Si necesita ahorrar dinero para una casa o apartamento, ¿cuánto está dispuesto a apartar cada mes en un "fondo para la casa"?

Marido: _____

_____

_____

_____

Esposa: _____

_____

_____

_____

9.¿Cuál será su banco?

Marido: _____

_____

_____

_____

Esposa: _____

_____

_____

_____

10.¿Qué tipos de cuentas bancarias abrirá y a nombre de quién?
¿Separadas? ¿Juntas?

Marido: _____

_____

_____

_____

Esposa: _____

_____

_____

_____

11.¿Cómo pagará las facturas? ¿De qué cuentas? ¿Qué facturas?

Marido: _____

_____

_____

_____

Esposa: _____

_____

_____

_____

12.¿Cuántos hijos acuerdan tener? ¿Cuándo quieren comenzar?

Marido: _____

_____

_____

_____

Esposa: _____

_____

_____

_____

13.¿Con qué frecuencia está dispuesto a tener sexo con su cónyuge?

Marido: _____

_____

_____

_____

Esposa: _____

_____

_____

_____

14.¿Quién cuidará de los hijos antes de que vayan a la escuela?

Marido: _____

_____

_____

_____

Esposa: _____

_____

_____

_____

15.¿Dónde quiere que vayan los hijos a la escuela?

Marido: _____

_____

_____

_____

Esposa: _____

_____

_____

_____

16.¿Quién trabajará? ¿Ambos? ¿El marido? ¿La esposa?

Marido: _____

_____

_____

_____

Esposa: _____

_____

_____

_____

17.¿Quién cocinará? ¿Cuándo?

Marido: _____

_____

_____

_____

Esposa: _____

_____

_____

_____

18.¿Quién hará la compra de la casa?

Marido: _____

_____

_____

_____

Esposa: _____

_____

_____

_____

19.¿Limpiar la bañera? ¿Los baños? ¿Aspirar?

Marido: _____

_____

_____

_____

Esposa: _____

_____

_____

_____

20.¿Quién lavará y secará los platos y cacharros?

Marido: _____

_____

_____

_____

Esposa: _____

_____

_____

_____

21.¿Quién hará la colada?

Marido: _____

_____

_____

_____

Esposa: _____

_____

_____

22.¿Cortar el césped, mantener el jardín, si tiene?

Marido: _____

_____

_____

_____

Esposa: _____

_____

_____

23.¿Lavar los automóviles?

Marido: _____

_____

_____

_____

Esposa: _____

_____

_____

_____

24.¿Con qué frecuencia puede visitar la esposa a su familia? ¿El esposo?

Marido: _____

_____

_____

_____

Esposa: _____

_____

_____

_____

26.¿Con qué frecuencia puede la esposa ver a sus amigas? ¿El esposo?

Marido: _____

_____

_____

_____

Esposa: _____

_____

_____

_____

27.¿Qué tipo de aficiones puede tener la esposa? ¿El esposo?

Marido: _____

_____

_____

_____

Esposa: _____

_____

_____

_____

28.¿Cuánto tiempo puede emplear cada uno en sus aficiones?

Marido: _____

_____

_____

_____

Esposa: _____

_____

_____

_____

29.¿Quién disciplina a los hijos?

Marido: _____

_____

_____

_____

Esposa: _____

_____

_____

_____

# NOTAS DE MARIDO

# NOTAS DE ESPOSA

# MUESTRA DE UN CONTRATO NO LEGAL PARA EL MATRIMONIO

**ESTE ACUERDO DE MATRIMONIO NO LEGAL**, hecho el día _____ de _____, _____, por y entre ****, a partir de ahora llamado "Marido", y ****, a partir de ahora llamada "Esposa",

ATESTIGUA:

**CONSIDERANDO QUE**, Marido y Esposa ("las partes"), desean mutuamente casarse legítimamente de acuerdo a las leyes y autoridad del Estado de ******** y el Señor Jesucristo; y

**CONSIDERANDO QUE**, las partes aquí presentes reconocen que el matrimonio es un contrato o acuerdo entre ellos; y

**CONSIDERANDO QUE,** las partes además reconocen y entienden que hay muchos acuerdos implícitos, así como acuerdos explícitos dentro del matrimonio; y

**CONSIDERANDO QUE,** las partes desean mutuamente expresar y dejar por escrito algunos de los acuerdos citados respecto al matrimonio citado.

**AHORA, POR LO TANTO,** Marido y Esposa acuerdan lo siguiente:

## I. RECONOCIMIENTO DE DESEOS

1.Por la presente, Marido reconoce que Esposa desea que el matrimonio dure hasta la muerte de ambos o alguno de ellos y que su relación será de amor, ternura y amabilidad, donde ambas partes se respetan el uno al otro y se dan todo el amor posible; que Esposa desea tener hijos lo antes posible y educarlos junto a su Marido; que Esposa no desea particularmente ser rica sino tan solo tener comodidad y está dispuesta a trabajar duro junto a su Marido y lograr un matrimonio feliz; y que Esposa desea que Marido sea considerado con sus necesidades y sea comprensivo en todas las cosas.

2.Por la presente, Esposa reconoce que Marido también desea un matrimonio que dure hasta la muerte de ambos o alguno de ellos y que Marido desea una esposa que le respete y sea una esposa amorosa y madre que continúe siendo romántica y amorosa durante todo el matrimonio, y una esposa que no tenga secretos o tenga un humor demasiado fuerte sino que busque ser una compañera alegre y ayuda idónea para Marido.

## II.CUENTAS BANCARIAS

1.Las partes acuerdan inicialmente abrir tres (3) cuentas bancarias en el banco \*\*\*\*\*\* en \*\*\*\*\*. Una será una cuenta de cheques en la que todos los cheques los podrán firmar tanto Marido como Esposa; una segunda cuenta será una cuenta de ahorro a nombre de ambos con el propósito de apartar un fondo que sirva como entrada para una casa, y una tercera cuenta será una cuenta de ahorros para compras periódicas y necesarias y para el mantenimiento de los automóviles, electrodomésticos y emergencias y necesidades imprevistas que puedan surgir. Todas las cuentas de banco serán conjuntas y todas las cuentas de ahorros necesitarán la firma de ambos.

2. Las partes acuerdan que ninguno de los dos gastará más de 200 dólares en un mes para necesidades personales, sin el consentimiento del otro.

### III. LUGAR DE RESIDENCIA

1. Las partes acuerdan vivir inicialmente con los padres de Esposa en ******, durante no más de **** meses. A partir de entonces, vivirán o bien en un apartamento o casa localizada en la zona conocida como ******.

2. Ambas partes desean y acuerdan comprar una casa unifamiliar en la ciudad de ***** y preferiblemente alrededor de las siguientes zonas o vecindarios: ****

3. Esa vivienda será de un precio comprendido entre 350.000 y 400.000 dólares (EEUU).

4. Las partes acuerdan apartar al menos la suma de *** dólares al mes para conseguir la entrada para la compra de tal vivienda, e intentarán por todos los medios acumular una entrada suficiente para la compra de la vivienda en el plazo de (4) años a partir de la fecha de este documento.

### IV. HIJOS

1.Las partes acuerdan que los hijos serán una parte vital de su matrimonio y acuerdan tener *** hijos. En el supuesto de que ambas partes sientan y puedan permitirse y ser capaces de educar más hijos, acuerdan tener *** hijos.

2. Marido acuerda ayudar a Esposa en la educación de los hijos y tomará un papel activo en sus vidas, y será el que principalmente imponga la disciplina a los hijos. Esposa acuerda ser la principal cuidadora de los hijos, como solo una madre puede hacerlo, y apoyar a Esposo en sus tareas con la disciplina y animar y enseñar a los niños a someterse, respetar y obedecer a Marido todas las veces.

3. Las partes acuerdan que los hijos serán criados bajo principios cristianos y en consonancia con la Biblia, y la familia será parte de la denominación cristiana **** y asistirá a la iglesia regularmente y según el tiempo lo permita, pero al menos una vez por semana.

4. La familia orará junta y leerán juntos la Biblia lo más a menudo que lo permita el tiempo y al menos una vez a la semana.

5. Todas las demás decisiones respecto al hijo o hijos se tomarán de mutuo acuerdo.

6. Las partes acuerdan abstenerse de discutir y pelear delante de los hijos.

## V. FAMILIA POLÍTICA Y AMIGOS

1.En el supuesto de que la familia de Esposa y/o Marido vivan cerca, las partes acuerdan que cada uno puede visitar a sus respectivas familias una vez cada quince días, y preferiblemente durante los fines de semana. En tal supuesto, el cónyuge opuesto y familia acompañarán al otro en las visitas familiares a la familia política, siempre que sea posible o práctico.

2. Cada una de las partes acuerda esforzarse por tener una buena relación con la familia política y dar el debido respeto y consideración a los miembros de la familia de su cónyuge.

3. Las partes acuerdan que cada uno puede llevar a cabo sus aficiones pero acuerdan no emplear tanto tiempo en sus aficiones que interrumpa los asuntos familiares. Sin embargo, la cantidad de tiempo dedicada está sujeta al acuerdo mutuo de vez en cuando.

4. Las partes acuerdan que cada uno puede pasar tiempo con sus amigos una vez por semana mientras el tiempo empleado no obstaculice o les quite excesivamente de su tiempo juntos y no dañe su relación como marido y esposa.

## VI. INGRESOS DE LA FAMILIA

1. Las partes acuerdan que Marido será el principal proveedor de la familia; sin embargo, Esposa puede trabajar si ambas partes están de acuerdo. Si las partes acuerdan que Esposa trabaje, hablarán los detalles y harán correcciones a este acuerdo para acomodarse y ajustarse a los cambios nuevos y anticipados que se requerirán.

2. Todos los ingresos de las partes, de cualquier fuente y al margen de que ambos trabajen, serán propiedad de ambas partes independientemente de quién lo ganase, ya que el matrimonio es esencialmente una asociación en cuanto a esto.

## VII. INTIMIDAD

1. Tanto Marido como Esposa acuerdan que no usarán el sexo como un punto o herramienta de negociación en su relación y no negarán las relaciones íntimas el uno al otro de forma frívola o como un medio de castigo, manipulación o control del otro.

2. A menos que no sea posible, las partes acuerdan tener intimidad sexual un mínimo de _____ veces por semana.

## VIII. TAREAS DE LA CASA

1. Marido será responsable de lo siguiente: (1) cortar el césped y mantener el jardín y el garaje en orden decente; (2) mantener los vehículos en buen estado de funcionamiento y limpieza; (3) sacar la basura a tiempo y de manera adecuada; (4) mantener el apartamento y/o vivienda en términos de electricidad, fontanería y otros asuntos pertenecientes

al funcionamiento adecuado de la casa; (5) limpiar y mantener el baño principal; y (6) ****.

2. Esposa será responsable de mantener la casa limpia, incluyendo los muebles, pisos, cocina, refrigerador, baño de la habitación de matrimonio, y será la que cocine principalmente.

3. Cada una de las partes será mutuamente responsable y cooperará y hará las siguientes cosas juntos: (1) compra de comida y suministros; (2) limpiar los retretes y fregaderos; (3) cocinar; (4) cuidar de los niños; (5) aspirar las alfombras y mantener los pisos limpios; (6) etc.

## IX. VINCULANTE

Las partes aquí presentes acuerdan y reconocen que este acuerdo puede no ser legalmente vinculante en un juzgado; sin embargo, es un contrato moral y espiritualmente vinculante.

1. Las partes reconocen completamente que cumplir sus acuerdos creará poder espiritual en su relación y familia y que cada uno tiene la responsabilidad con la familia y con Dios de amar, someterse y apoyarse el uno al otro en el temor de Dios.

2. Las partes reconocen y acuerdan que este Contrato no legal no ocupa el lugar de y no es sustituto de ningún otro documento legal como el Certificado de matrimonio conferido por el gobierno estatal y firmado por las autoridades pertinentes.

**ETC.** (Añada otros acuerdos aquí).

## X. ENMIENDAS

1. Las partes aquí presentes reconocen que con el tiempo, este Acuerdo se deberá modificar o enmendar para cumplir las necesidades y situaciones actuales ahora anticipadas mediante este Acuerdo y acuerdan que discutirán mutuamente los cambios y enmiendas necesarios y apropiados de vez en cuando.

2.Alguna y todas las enmiendas a este Acuerdo se deberán hacer bajo muto acuerdo y aceptar por ambas partes aquí presentes.

3.En o cerca de la fecha del aniversario de su boda, las partes revisarán este Acuerdo y harán dichas Enmiendas, a menos que mutuamente acuerden otra cosa.

**COMO TESTIGOS DE LO AQUÍ DICHO**, las partes aquí presentes firman este instrumento el día _____ de _____, _____.

_____

_____

# ACERCA DEL AUTOR

Richard Ing lleva casado con su primer amor, Beatrice, más de cincuenta años. Tienen cuatro hijos. Dos son abogados y dos trabajan para el Estado de Hawái. El pastor Ing nació y creció en Hawái, donde reside en la actualidad. Fue ingeniero civil antes de graduarse en Derecho de Hastings College en San Francisco. Recientemente se jubiló de la práctica de la abogacía tras cuarenta años. También poseía varios negocios, incluyendo una inmobiliaria, una agencia de viajes, una compañía de cobros y un periódico.

El pastor Ing fue episcopal y bautista en su juventud pero se apartó cuando aceptó la vida del círculo estudiantil en la universidad. A los treinta y cinco, comenzó a buscar de nuevo a Dios, pero un libro titulado *All Paths Lead to God* le llevó a probar muchas religiones distintas, aunque continuó orando a Jesucristo. Cuando tenía cuarenta y cinco años, él y su esposa estaban meditando en un templo Shinto cuando la sacerdotisa le tocó su hombro y le preguntó si "solía ir a una iglesia con la cruz, Jesús Dios". Ella afirmó que Jesús se le había aparecido hacía unos momentos y le había dicho que el Sr. Ing y su esposa le pertenecían a Él y que se los enviara de inmediato porque el tiempo es corto. Esa misma noche, el Sr. y la Sra. Ing fueron a orar por un paciente de corazón que iba a ser operado a corazón abierto a la mañana siguiente. Dos días después, recibieron una llamada de teléfono informándoles que se había producido un milagro porque a la mañana siguiente el examen previo a la cirugía ¡reveló que su corazón estaba perfecto!

El pastor Ing nació de nuevo en un ministerio de liberación unos meses después. Se dedicó de todo corazón a leer la Biblia, servir y orar, y se convirtió en anciano en ocho meses. Dos años después, tuvo una visión en la que estaba en compañía de soldados vestidos con uniforme de combate y estaban metidos en un pequeño edificio. Lo reconoció como una sala de entrenamiento en la que él se sentaba cuando tomó el entrenamiento básico en el ejército de los Estados Unidos. Se vio a sí mismo bajando los empinados peldaños hasta el frente donde estaba de pie detrás de un podio de madera delante de las tropas. Después oyó una voz que decía: "¡Hijo, quiero que enseñes a mi ejército!".

Cuando comenzó a enseñar sobre la guerra espiritual y liberación en Fiyi, Vanuatu, y otros países, la gente a menudo veía ángeles y caballos blancos. El pastor Ing ha realizado muchas (de entre 200 y 300 personas de asistencia) pequeñas cruzadas en las provincias remotas de las Filipinas, donde Dios liberaba y sanaba a muchos, y miles aceptaron al Señor.

En 1998, mientras enseñaba en el seminario bíblico en una de las provincias más al norte de las Filipinas, toda la clase de repente se cayó al suelo y una de sus trabajadoras tuvo una visión de un enorme campo de arroz que llegaba hasta donde alcanzaba la vista. Las cañas estaban tan llenas de grano que casi tocaban el suelo, pero aún estaban verdes. El arroz después se convirtió en personas con túnicas blancas. La trabajadora abrió sus ojos y vio un ángel enorme de pie en la plataforma con un rollo en sus manos. Anunció que llegaba un gran avivamiento a esa zona. Muchos ángeles más pequeños estaban volando bajo el techo.

El Dr. Ing supo después que muchos han profetizado que el último y mayor avivamiento de todos los tiempos comenzaría en las provincias más al norte de las Filipinas. Tres años después, el Dr. Ing volvió a visitar el seminario bíblico y su esposa y otros tres miembros vieron el mismo ángel con dos ángeles más pequeños a su derecha y dos a su izquierda. Desde entonces, el Dr. Ing se ha concentrado en las Filipinas y ha hecho más de cuarenta y cinco viajes allí.

Es el pastor principal de Light of the World Missions en Hawáiy las Filipinas. Tiene un doctorado en Ministerio además de un doctorado en Derecho y una carrera en Ciencias, y es el vicepresidente del Seminario Internacional New Covenant y el instituto bíblico, con más de doscientos institutos bíblicos afiliados en todo el mundo. El Dr. Ing dirige un seminario bíblico Mission House, y el Centro de entrenamiento vocacional en las Filipinas, junto con cuatro iglesias. Ha dado charlas frecuentemente sobre guerra espiritual y sanidad interior en Fiyi, Vanuatu, India, el continente de China, Hong Kong, Singapur, Sarawak, Bulgaria, las Filipinas, Guam, México, Suiza y en el continente de E.U. También da conferencias sobre restauración de la iglesia en casa para los últimos tiempos. Será el primero en decirle que no es digno, al haber sido un Pedro durante mucho tiempo, y solo a través de la gracia y misericordia de Dios es que ha recibido el privilegio de ver y experimentar el poder de Dios en acción.